粮食主产区
农地确权研究

万举 等 著

RESEARCH
ON THE
FARMLAND RIGHTS
CONFIRMATION
IN MAJOR-GRAIN-PRODUCING-AREAS

社会科学文献出版社
SOCIAL SCIENCES ACADEMIC PRESS (CHINA)

摘 要

农地确权自2013年在全国范围展开后经过5年时间到2018年底已基本完成。本书在对粮食主产区实地调查的基础上综合研究认为，农地确权模式可划分为两大类5种模式并有区域异质性。农村土地承包经营权证书物化了土地相关权利。确权有利于促进农村合作金融发展、稳定农民预期、促进农地流转和增加农民收入等，但在总体上并未明显带来农地大规模流转和新型经营主体快速增长，短期内的耕种收入贡献度较低。确权也是城乡融合等相关制度的启动器和相关改革的加速器。从宏观定量分析看，确权在短期内对农业总产值有负向影响，这可能是因为城镇化进程加快和非农就业机会增多导致农户投入粮食生产的积极性降低，而对农业总产值、化肥使用与劳动力转移有明显溢出效应。从微观定量分析看，确权得到农民的高度认可，确权后农户家庭总收入与家庭人数、劳动力人数、户主受教育年限等显著正相关；农业收入与耕种面积和劳动力人数显著正相关；土地流转与家庭无地人数、户主受教育年限显著正相关。总体分析可知，农地确权有长期、短期效应不同步现象，某些效应有滞后性，耕地面积仍是粮食主产区粮食产量和农业收入的主导因素；粮食主产区农户家庭总收入仍取决于非技术性因素。从长远看，应提高农民教育水平和农业技术水平，农业振兴要"插上科技的翅膀"。确权引发的纠纷和矛盾少而小，多为历史遗留问题。"确权是个好事儿"，但产生纠纷也是"把睡着的孩子唤醒"。

粮食主产区农地确权也有部分实践偏误，应从国家层面、地方政府层面和农户层面分别创新解决问题的思路和策略。确权模式优化逻辑可从主体（农民）、对象（土地）、关系（组织）、环境（条件）四大方面展开。确权模式优化路径为：改善环境条件，探寻模式优化框架；增强农民主体性，激发模式优化主动力；创新乡村治理，共谋模式优化策略；改良土地和综合利用农业资源，支撑农地确权模式优化增益；统筹保障粮食安全战略，强调模式优化目标。建议全面释放农地确权红利，促进农业农村全面发展：充分运用确权成果，持续提升农村合作金融、农村合作社发展绩效；提升农地利用效率，提高农业生产劳动者收入；推动土地适度规模化经营；农业补贴应向土地最终使用者转移；提升新型农业经营主体培育效果；加快数字乡村建设并保障农地信息共享；持续推进农地产权制度创新；鼓励农民的首创性，促进城乡要素市场平等融合和城乡居民基本权益均等化；不断创新集体土地所有制实现形式；坚持"四个不能"底线，推进诸如"三权分置"改革有序实施，持续以农地产权制度创新和农业技术发展，促进农业产业融合发展，持久稳定地保障国家粮食安全。

关键词：粮食主产区；农地确权；土地流转

Abstract

Since 2013, the national farmland rights confirmation was basically completed in almost five years until the end of 2018. On the basis of the field investigation of Major-Grain-Producing-Areas (MGPAs), according to the comprehensive research, we found that the farmland ownership confirmation mode can be divided into two categories and five modes with regional heterogeneities. The certificate of contracted management rights of land materialized land-related rights, promoting the development of rural cooperative finance, stabilizing farmers' expectations, promoting the transfer of farmland and increasing the income of farmers engaged in non-agricultural industries in cities. However, on the whole, it does not obviously bring about the large-scale transfer of farmland and the rapid growth of new business entities, and the contribution of farming income is low in the short term. Confirmation is also the initiator of the relevant system of urban-rural integration and the accelerator of related reform. From the macro-quantitative analysis, the right confirmation has a negative impact on agricultural output value in the short term, which may decrease due to the accelerated urbanization and the increase of non-agricultural employment opportunities, and has an obvious positive spillover effect on agricultural output value, chemical fertilizer use and labor transfer. From the micro-quantitative analysis, the confirmation is highly recognized by farmers. After the confirmation, the total income and the number of families, the number of labor, the number of education, and agricultural income are significantly positively correlated with the farming area and the number of labor; land transfer is significantly and positively correlated with the number of families without land and the length of education. From the overall analysis, it is known that farmland right confirmation has long and short-term effects, and some effects lag behind. Farmland area is still the leading factor of grain output and agricultural income in MGPAs; the total income of farmers in MGPAs still depends on non-technical factors. In the long run, the level of farmers' education and agricultural technology should be improved, and agricultural revitalization needs "wings of science and technology". Disputes and contradictions are few but small, which are mostly problems left over from history. "Right confirmation is a good thing", but disputes are also "waking up the sleeping child".

There are also some practice errors in determining the right of farmland rights in MGPAs, and problem solutions and strategies should be innovated at the national level, local government level and farmers' level respectively. The optimization logic of the right confirmation mode can be carried out from four aspects: subject (farmers), object (land), relationship (organization), and environment (conditions). Mode optimization path: improving environmental conditions, exploring the mode optimization framework; enhancing farmer subjectivity, stimulating mode optimization initiative, innovating rural governance, seeking mode optimization strategy; improving land and comprehensively using agricultural resources, supporting the optimization gain of farmland right confirmation mode; coordinating the food security strategy, and emphasizing the focus of mode optimization target. It is recommended to release the farmland confirmation dividend, promote agricultural and rural comprehensive development: making full use of the confirmation results, optimizing rural cooperative finance and rural cooperative development performance; Improving

Abstract

the efficiency of agricultural land use, and improving agricultural production labor income; promoting agricultural subsidies should be transferred to land end users; improving the cultivation effect of new agricultural operators; accelerating the construction of Digital Village and guarantee farmland information sharing; continuously promoting innovation of farmland property rights system; encouraging the initiative of farmers, and promoting equal integration of urban and rural factor market, and the equalization of basic rights and interests of urban and rural residents; Constantly innovate the realization form of collective land ownership; adhere to the bottom line of the "four cannot", the orderly implementation of the reform should be promoted such as the "separation of the three rights", continuing to promote farmland property rights system innovation and agricultural technology development, and promoting the integrated development of agricultural industry, lasting and stable to guarantee the national food security.

Key words: Major-Grain-Producing-Areas (MGPAs); Farmland Rights Confirmation; Land Circulation

目 录

绪 论 ……………………………………………………………… 1

第一章 研究背景与意义 ………………………………………… 4
第一节 农地确权是土地所有制演变的必然选择 …………… 5
第二节 农地确权是土地政策调整的创新举措 ……………… 8
第三节 农地确权是经济发展阶段变化的客观结果 ………… 12
第四节 农地确权是农村市场深化发展的前提条件 ………… 14
第五节 农地确权是新型城镇化建设的有力支撑 …………… 15
第六节 农地确权是确保国家粮食安全稳定的迫切要求 …… 17

第二章 文献综述 ………………………………………………… 19
第一节 相关研究学术简史 …………………………………… 19
第二节 国外相关研究综述 …………………………………… 20
第三节 国内相关研究综述 …………………………………… 22
第四节 总体评述 ……………………………………………… 26

第三章 粮食主产区农地确权总体现状 ………………………… 29
第一节 粮食主产区社会经济现状 …………………………… 29
第二节 农地确权现状 ………………………………………… 35
第三节 简要总结 ……………………………………………… 39

第四章　粮食主产区农地确权的综合效应：定性分析　42
第一节　农地确权与农村合作金融发展　42
第二节　农地确权对农村合作社发展的正向刺激　52
第三节　农地确权与农民收入：以河南省为例　60
第四节　农地确权与新型农业经营主体培育与发展　70
第五节　农地确权与农业集约化发展和农业生态保护　79
第六节　农地确权与城乡一体化发展　85

第五章　粮食主产区农地确权的综合效应：量化分析　103
第一节　宏观实证分析：基于粮食主产区县域数据　103
第二节　微观实证分析：以河南省农村入户调研为例　118
第三节　农地确权的理想与现实：模型分析综合解读　143

第六章　粮食主产区农地确权模式的区域异质性　147
第一节　农地确权模式的理论探讨与实践总结　147
第二节　农地确权模式的类型划分　150
第三节　粮食主产区农地确权模式的区域异质性表现　153
第四节　确权模式的区域异质性印证了我国农地问题复杂性　156

第七章　粮食主产区农地确权的实践偏误及确权模式优化　158
第一节　粮食主产区农地确权的实践偏误　158
第二节　粮食主产区农地确权的模式优化基础　163
第三节　粮食主产区农地确权的模式优化逻辑　167
第四节　粮食主产区农地确权的模式优化路径　169

第八章　粮食主产区农地确权的政策建议　174
第一节　充分运用农地确权成果，优化农村合作金融　174

第二节　充分利用农地确权机制措施，提高农村合作社
　　　　　　发展绩效 ………………………………………… 176
　　第三节　提升农地利用效率，促进农业生产劳动者收入提高 …… 177
　　第四节　提升新型农业经营主体培育效果 …………………… 179
　　第五节　持续优化确权模式，推进农地产权制度创新 ………… 181

简要结论 …………………………………………………………… 183

参考文献 …………………………………………………………… 185

附录　调查问卷和调查表 ………………………………………… 205
　附录1　调查问卷 ………………………………………………… 205
　附录2　调查表 …………………………………………………… 209

后　记 ……………………………………………………………… 214

绪　论

确保粮食安全始终是治国理政的头等大事。土地问题历来是我国农村社会经济稳定发展的基本问题，也是确保国家粮食安全的基本问题。改革开放以来，党中央和国务院相关重要文件尤其是多个一号文件不断强调、制定和实施保障性、改革性、创新性的制度和政策。进入 21 世纪以后，解决"三农"问题的政策措施不断出台，诸如农业税、农村合作医疗、农地确权、脱贫攻坚、乡村振兴等重大问题得到持续优化、解决和建设，维护了全社会安定团结进步的大环境，推进了农村土地制度改革，保障了国家粮食安全，同时有力地推动了全社会经济的快速发展和进步。

解决好"三农"问题中的土地问题，要抓重点、抓关键、抓基础。在相关诸多问题中，要保障国家粮食安全首先要保障好粮食主产区的农业生产问题。因此，粮食主产区的土地问题就自然成为"三农"问题的关键，要保障农民土地权利就应首先对土地权利进行确切地界定，即农村土地确权是保障农民土地权利、进一步推进土地制度改革的先决条件，是农地制度建设的基础性工作。

我国粮食主产区主要分布在三大平原（东北平原、华北平原、长江中下游平原）和四川盆地，包括黑龙江、吉林、辽宁、内蒙古、河北、河南、山东、江苏、安徽、四川、湖南、湖北、江西 13 个省（区）。《中国统计年鉴（2021）》的数据显示，到 2020 年全国粮食总产量为 6.6949 亿吨，13 个粮食主产区粮食产量合计为 5.18 亿吨，占全国的比重提高至

78.57%。① 粮食主产区的范围界定，源于财政部在2003年12月印发的《关于改革和完善农业综合开发若干政策措施的意见》。该意见进一步明确界定了我国粮食主产区范围为黑龙江（含省农垦总局）、吉林、辽宁（不含大连）、河北、内蒙古、江苏、河南、山东（不含青岛）、湖北、湖南、江西、安徽、四川13个省（区）。这13个省（区）大多数处于平原或浅丘区，气候适宜，土地肥沃，适合农作物生长。

在全国农村开始土地"二轮"承包（1998年）前后，学术界对农地确权的类似观点或概念开始关注和探讨，如农村土地承包经营权属关系及其稳定性和政策研究等。直到党的十七届三中全会通过的《中共中央关于推进农村改革发展若干重大问题的决定》（2008年10月）明确提出要"搞好农村土地确权、登记、颁证工作。完善土地承包经营权权能，依法保障农民对承包土地的占有、使用、收益等权利"。从此，农地确权的实践和理论研究源源不断。经过多年的研究、调研、试点，农地确权成为解决农地问题和推进农村土地制度改革进而推动农业现代化发展的必由之路。近年来，我国农业、农村改革重点紧密围绕农地确权工作展开，并在中央一号文件中多次体现。2019年11月，中共中央、国务院又发布了《关于保持土地承包关系稳定并长久不变的意见》，这是为了充分保障农民土地承包权益，进一步完善农村土地承包经营制度，推进实施乡村振兴战略，也是对我国农地承包经营制度改革的继承和发展。

在国家整体部署与基本原则指引下，农村承包地确权试点从2009年开始，从初期的村组试点到扩大整省推进范围，农地确权工作经过了有选择性试点阶段、整省推进阶段与关键时期集中攻坚阶段。2014年，全国首次启动农地确权整省试点的3个省份（山东、安徽、四川）均为粮食主产区。2015年新增整省试点9个（江苏、江西、湖北、湖南、甘肃、宁夏、吉林、贵州、河南），其中，粮食主产区占6个。2016

---

① 说明：本书除特别标注外，数据均来源于国家统计局官网中的各年份统计年鉴。

年，又选择 10 个（河北、山西、内蒙古、辽宁、黑龙江、浙江、广东、海南、云南、陕西）进行整省推进，自此，13 个粮食主产区全部进行了农地确权整体推进工作。这充分体现了粮食主产区农地确权工作的重要性。自 2013 年起，历经 5 年左右的时间，全国绝大部分地方在 2018 年底基本完成此项工作。目前，尽管在确权实践中也存在个别遗留问题或争议，但是，农地确权助力农地制度改革实践探索进入新阶段。2019 年中央一号文件提出，要发挥粮食主产区优势，完善粮食主产区利益补偿机制，健全产粮大县奖补政策，严守 18 亿亩耕地红线，全面落实永久基本农田特殊保护制度，确保永久基本农田保持在 15.46 亿亩以上。此外，2019 年中央一号文件还强调，要完善落实集体所有权、稳定农户承包权、放活土地经营权的法律法规和政策体系，在基本完成承包地确权登记颁证工作基础上，开展"回头看"，做好收尾工作，妥善化解遗留问题，将土地承包经营权证书发放至农户手中。

2020 年 3 月，《国务院关于授权和委托用地审批权的决定》（国发〔2020〕4 号）发布，"试点将永久基本农田转为建设用地和国务院批准土地征收审批事项委托部省、自治区、直辖市人民政府批准"。同时该决定要求，"特别要严格审查涉及占用永久基本农田、生态保护红线、自然保护区的用地，切实保护耕地，节约集约用地，盘活存量土地，维护被征地农民合法权益，确保相关用地审批权'放得下、接得住、管得好'"。土地管理方式的调整充分体现了做好农地严格管理的一贯原则，反映了国家对土地下放审批权限、灵活使用的新要求，对下一步农地管理方式的变革将产生广泛影响。

在保障实施国家粮食安全战略过程中，粮食主产区农地确权会产生哪些综合效应？通过农地确权，粮食主产区的区位优势和土地资源优势如何进一步得到发挥，粮食主产区农村市场机制作用如何进一步得到体现，粮食主产区农地确权工作开展情况和实施效果是怎样的，粮食主产区农地确权工作对于全国其他区域以及今后农地制度改革有怎样的启示，等等，这些问题正是本研究要持续深入探讨的。

第一章
研究背景与意义

  我国农地确权概念的正式提出可追溯至 2008 年，全国范围的农地确权工作始于 2013 年。[①] 全国经过约 5 年的时间，到 2018 年底先后推进和完成了农地确权工作。正如 2016 年习近平总书记在安徽凤阳小岗村农村改革座谈会上强调的："不管怎么改，都不能把农村土地集体所有制改垮了，不能把耕地改少了，不能把粮食生产能力改弱了，不能把农民利益损害了。"[②] "四个不能"在农地确权中也应切实得到强调和体现。农地确权工作在具体实践过程中都采取哪些具体模式、有哪些偏误和对未来农地制度改革的启示，确权对"三农"问题各方面有哪些影响、如何影响，等等，都需要深入研究和探讨，尤其是要研究其中的重点区域——粮食主产区的情况。因此，粮食主产区农地确权的综合效应及模式选择与政策优化研究有深厚的现实背景，更有重要的实践意义和理论意义。

[①] 2013 年中央一号文件提出："用五年时间基本完成农村土地承包经营权确权登记颁证工作。"

[②] 习近平：《农村土地集体所有制不能改垮了》，人民网，2016 年 4 月 29 日，http://house.people.com.cn/n1/2016/0429/c164220-28313162.html。

第一节 农地确权是土地所有制演变的必然选择

农地确权作为近10年来我国农地制度的一项基础性工作，梳理其来龙去脉很有意义。我国土地制度实行社会主义公有制，分为城市土地的国家所有制和农村土地的集体所有制形式，亦称"城乡二元土地所有制"。在不同历史发展阶段，我国土地所有制具体形式有所不同。1949年新中国成立至今，土地所有制的演变可以划分为三个发展时期。

一 社会主义革命和建设时期（1950~1978年）

这一时期可分为三个阶段。第一阶段是土地改革时期的土地所有制（1950~1952年）。新中国成立后为解放、发展和保护生产力，全国进行土地改革，将土地分配给全体农民耕种。但实际生产过程中，由于农民生产资料及技能匮乏，独立生产存在困难，抗自然灾害风险能力弱，部分农民甚至失去了土地。此阶段土地改革下的土地制度与产权形式不适应当时生产力发展水平，土地制度有待进一步改革。第二阶段是农业的社会主义改造时期的土地所有制（1953~1957年）。此阶段具体划分为三种农业生产组织形式，即互助组（1953~1954年）、初级农业生产合作社（1955年上半年）、高级农业生产合作社（1955~1957年），均具有合作共享性质，以解决农民生产资料及技能匮乏、抗风险能力薄弱问题，只是合作模式和分配方式不同。第三阶段是人民公社化运动时期的土地所有制（1958~1978年）。1958年为进一步集中生产，中央推行人民公社组织形式。土地制度为公有制，土地所有权与经营权以及生产资料统一并归公社所有，以农村生产队为基本单位，实行平均分配。这脱离了当时的生产力发展水平，在落后生产条件下强调平均主义，削弱了生产积极性，影响了农业发展。农地产权制度改革迫在眉睫。

二 改革开放和社会主义现代化建设新时期（1979～2012年）

这一时期又可分为四个阶段。第一阶段是人民公社化运动结束和家庭联产承包责任制得到确认的过渡阶段（1979～1983年）。1978年农村土地家庭联产承包形式出现，1982年根据新宪法，改变农村人民公社政社合一体制，设立乡政府作为基层政权，普遍成立村民委员会作为群众性自治组织等，人民公社解体，随后，家庭联产承包责任制确立，实行土地集体所有、家庭承包经营体制。第二阶段是家庭联产承包责任制的稳定发展阶段（1984～1991年）。这一阶段的主要任务是继续坚持农村基本经营制度。第三阶段是家庭承包经营制度的初步法治化阶段（1992～1999年）。[1] 这一阶段的主要任务是进一步稳定农村土地承包关系。《中华人民共和国宪法修正案》（1993年修正、1999年修正）、《中华人民共和国土地管理法》（1998年修订）将"家庭承包经营"纳入法律，规定"土地承包经营期限为30年"。第四阶段是家庭承包经营制度的规范发展阶段（2000～2012年）。这一阶段规范了土地承包经营权流转，产生了农民专业合作社组织形式。《中华人民共和国农村土地承包法》（2002年）、《中华人民共和国农村土地承包经营权证管理办法》（2003年）、《农村土地承包经营权流转管理办法》（2005年）、《中华人民共和国物权法》（2007年）先后出台，我国农地产权和农地市场的基本政策和法律规范逐渐形成。

三 中国特色社会主义新时代（2013年至今）

2013年11月12日党的十八届三中全会通过了《中共中央关于全面深化改革若干重大问题的决定》，提出新时期土地制度的改革目标是"处理好政府与市场的关系，使市场在资源配置中起决定性作用和更好

---

[1] 说明：本阶段制度用词发生变化的原因是，1998年10月14日中国共产党第十五届中央委员会第三次全体会议审议通过了《中共中央关于农业和农村工作若干重大问题的决定》，文件中以"家庭承包经营制度"取代"家庭联产承包责任制"。

发挥政府作用"①，这成为农村经济发展新时期土地制度改革的重点，为后续农地政策调整与管理转变指明了方向。2013年的中央农村工作会议提出，要不断探索农村土地集体所有制的有效实现形式，落实集体所有权、稳定农户承包权、放活土地经营权。此次会议第一次正式明确提出了农地"三权分置"改革的实质内容。在2013~2018年农地确权工作基本完成后，农村宅基地、农村集体建设用地开始确权，土地制度改革进一步持续深化和创新。我国农村土地制度的历史演变如表1-1所示。

表1-1　我国农村土地制度的历史演变

时期	主要阶段	土地所有制	土地所有者	土地使用者	土地使用方式
新中国成立前	封建主义时期	土地私有制	封建地主	农民	地主向使用土地的农民收取地租
社会主义革命和建设时期（1950~1978年）	农业的社会主义改造前	土地私有制	农民	农民	小规模独立经营，自给自足
	互助组阶段（1953~1954年）	土地私有制	农民	农民	独立经营，相互帮助，合作生产
	初级农业生产合作社阶段（1955年上半年）	土地私有制	农民	集体	农民土地入股，集体经营，按劳分配
	高级农业生产合作社阶段（1955~1957年）	土地公有制	集体	集体	集体（所有者兼使用者）统一经营
	人民公社化运动时期（1958~1978年）	土地公有制	集体	集体	集体生产和经营，生产多少，分配多少
改革开放和社会主义现代化建设新时期（1979~2012年）	人民公社化运动结束和家庭联产承包责任制得到确认的过渡阶段（1979~1983年）	土地公有制	集体	家庭农户、农民专业合作社	家庭使用（包产到户，包干到户）、合作使用（一定程度）
	家庭联产承包责任制的稳定发展阶段（1984~1991年）				

---

① 《中共中央关于全面深化改革若干重大问题的决定》，人民网，2013年11月15日，http://finance.people.com.cn/n/2013/1115/c1004-23559387.html。

续表

时期	主要阶段	土地所有制	土地所有者	土地使用者	土地使用方式
改革开放和社会主义现代化建设新时期（1979~2012年）	家庭承包经营制度的初步法治化阶段（1992~1999年）				
	家庭承包经营制度的规范发展阶段（2000~2012年）				
中国特色社会主义新时代（2013年至今）	农地承包经营权确权（2013年至2018年） 农村宅基地确权（2018年3月至今） 农村集体建设用地确权（2018年3月至今）	土地公有制	集体	家庭农户、农民专业合作社、公司	家庭使用、合作使用、流转使用

第二节 农地确权是土地政策调整的创新举措

不同时期土地所有制度不同，农地政策亦不同（见表1-2）。在历经新中国成立、改革开放后，土地制度由私有制转变为公有制，农地政策由集体所有和使用转变为集体所有和家庭使用。进入21世纪后，新一轮土地政策亟须进一步革新，强调如何激发市场活力、充分发挥市场机制在资源配置中的决定性作用。近年来，我国在家庭承包经营基础上实施了一系列关于农地的创新举措，农地确权政策为其配套内容之一。

一 家庭承包经营的政策演变

1979年我国实行所有权归集体、承包经营权归农户的土地政策，即"两权分置"。伴随经济发展阶段的变化，农村经营方式发生转变，农地政策逐步放宽。1993年，中共中央、国务院发布的《关于当前农业和农村经济发展的若干政策措施》首次提出允许农地"使用权"流转。2002年，《中华人民共和国农村土地承包法》又提出保护农地承包

"经营权"流转。2014年，中共中央办公厅、国务院办公厅印发的《关于引导农村土地经营权有序流转发展农业适度规模经营的意见》首次正式提出农地所有权、承包权、经营权"三权分置"。2016年，中共中央办公厅、国务院办公厅印发的《关于完善农村土地所有权承包权经营权分置办法的意见》正式落实这一办法。从"两权分置"到"三权分置"，从农村土地登记到农地确权登记发证，农地政策放宽放活，农地市场作用不断体现。

二 农地承包经营期限的政策保障

第一轮土地承包期最早从1978年开始，承包期为15年，最早的于1993年到期。临近第一轮土地承包期末，1993年，中共中央、国务院发布的《关于当前农业和农村经济发展的若干政策措施》提出"在原定的耕地承包期到期之后，再延长三十年不变"。

第二轮土地承包期根据"中发〔1993〕11号"文件，若从1993年算起，从2023年开始，二轮承包就开始大批到期，进行土地延包。若从1998年算起，最晚在2028年到期。2002年颁布的《中华人民共和国农村土地承包法》（2003年3月1日起施行）规定"国家依法保护农村土地承包关系的长期稳定"，明确规定"耕地的承包期为三十年"。

第三轮土地承包期再延长三十年，最早是从2023年开始，2053年到期。2008年，《中共中央关于推进农村改革发展若干重大问题的决定》提出农村土地承包关系"保持稳定并长久不变"，赋予农民更加充分而有保障的土地承包经营权。

三 农地确权的政策演变

广义的农地确权政策演变可以分为四个阶段。

第一阶段：建立土地登记制度、规则（1978~1995年）。国家出台土地登记规则并进行了补充修改，土地登记工作初步具备政策依据，但实际颁证工作中落实有限。

第二阶段：逐步落实土地登记制度（1996～2007年）。1996年开始实施修订后的土地登记规则，2007年底《土地登记办法》出台。这一时期开始落实农地使用权、所有权和土地他项权利登记颁发或更换土地证书工作，工作程序逐渐规范，土地承包合同正式颁发。

第三阶段：实施农地确权政策（2008～2018年）。2008年中央文件首次指出做好农地确权、登记、颁证工作。2013年中央一号文件明确提出在全国正式开展农地确权工作，要求"用5年时间基本完成农村土地承包经营权确权登记颁证工作，妥善解决农户承包地块面积不准、四至不清等问题"。

第四阶段：农地确权政策绩效评估和优化发展（2018年至今）。在2018年基本完成确权登记颁证工作的基础上，继续做好收尾工作、化解遗留问题。

表1-2 中央历年有关农村土地的关键政策文件及要点

年份	政策文件	政策要点
1946	《关于清算、减租及土地问题的指示》（"五四指示"）	耕者有其田
1950	《中华人民共和国土地改革法》	保护富农自耕土地，保存富农经济；没收地主多余的土地和财产；允许出租小量土地
1953	《关于发展农业生产合作社的决议》	实行农业集体化，逐步成立互助组、初级农业合作社、高级农业合作社
1979	《中共中央关于加快农业发展若干问题的决定》	实行包产到户、包干到户
1986	《中华人民共和国土地管理法》	农村土地属于集体所有；土地承包经营权受法律保护；建立土地登记制度
1989	《土地登记规则》	依法登记的土地使用权、土地所有权受法律保护
1989	《关于确定土地权属问题的若干意见》	按农村农民目前实际使用的本集体土地的界线确定所有权
1992	《关于加强农业承包合同管理意见的通知》	依法管理农村承包合同

第一章　研究背景与意义

续表

年份	政策文件	政策要点
1993	《关于当前农业和农村经济发展的若干政策措施》	农村土地承包期再延长30年；放活土地使用权；建立土地使用权流转机制
1995	《土地登记规则》	确定土地所有权和使用权，依法进行土地登记；土地权属争议解决办法
1997	《中共中央办公厅、国务院办公厅关于进一步稳定和完善农村土地承包关系的通知》	稳定土地承包关系，做好延长土地承包期工作；实行"大稳定、小调整"政策；整顿"两田制"；加强土地承包费管理；再次强调分户承包、家庭经营
2001	《关于依法加快集体土地所有权登记发证工作的通知》	依法加快集体土地所有权登记发证工作；强化耕地保护机制
2002	《中华人民共和国农村土地承包法》	发包方和承包方的权利和义务；承包的原则和程序；耕地承包期为三十年；农村土地承包合同范本；土地承包经营权的保护、流转
2004	《国务院关于深化改革严格土地管理的决定》	严格执行占用耕地补偿制度；规范农用地转用；严格保护基本农田
2005	《农村土地承包经营权流转管理办法》	流转总则；流转当事人；流转可以采取转包、出租、互换、转让或其他方式；流转合同；流转管理登记
2005	《全国人民代表大会常务委员会关于废止〈中华人民共和国农业税条例〉的决定》	全面取消农业税
2007	《土地登记办法》	实行属地登记原则；集体土地所有权登记规定
2008	《中共中央关于推进农村改革发展若干重大问题的决定》（党的第十七届三中全会决议）	搞好农村土地确权、登记、颁证工作（首次明确提出农地确权）；加强土地承包经营权流转管理和服务，建立健全土地承包经营权流转市场；按照依法自愿有偿原则，允许农民以转包、出租、互换、转让、股份合作等形式流转土地承包经营权，发展多种形式的适度规模经营
2010	《中共中央　国务院关于加大统筹城乡发展力度　进一步夯实农业农村发展基础的若干意见》	有序推进农地管理制度改革；坚守耕地保护红线，加快划定基本农田，实行永久保护；加快农村集体土地所有权确权登记颁证工作；加快修改土地管理法
2011	《关于开展农村土地承包经营权登记试点工作的意见》	农村土地承包经营权试点工作指导思想、任务和原则；具体试点内容；试点工作要求

— 11 —

续表

年份	政策文件	政策要点
2014	《关于引导农村土地经营权有序流转发展农业适度规模经营的意见》	坚持农村土地集体所有,提出所有权、承包权、经营权三权分置,引导农地经营权有序流转
2014	《关于引导农村产权流转交易市场健康发展的意见》	农村产权流转交易市场规范发展要求;市场交易运行和监管
2016	《关于完善农村土地所有权承包权经营权分置办法的意见》	始终坚持农村土地集体所有权的根本地位;严格保护农户承包权;加快放活土地经营权;逐步完善"三权"关系;建立健全土地流转规范管理制度
2018	《乡村振兴战略规划（2018~2022年）》	构建家庭经营、集体经营、合作经营、企业经营体系;落实农村土地承包关系稳定并长久不变政策;衔接落实好第二轮土地承包到期后再延长30年的政策;全面完成农地确权工作;依法平等保护土地经营权;建立农村产权交易平台
2019	《中共中央 国务院关于坚持农业农村优先发展做好"三农"工作的若干意见》	在基本完成承包地确权登记颁证工作基础上,开展"回头看",做好收尾工作,妥善化解遗留问题,将土地承包经营权证书发放至农户手中
2020	《中共中央 国务院关于抓好"三农"领域重点工作确保如期实现全面小康的意见》	破解乡村发展用地难题;扎实推进宅基地使用权确权登记颁证,以探索宅基地所有权、资格权、使用权"三权分置"为重点,进一步深化农村宅基地制度改革试点

第三节　农地确权是经济发展阶段变化的客观结果

　　我国经济发展历经封建经济、社会主义计划经济、社会主义商品经济到社会主义市场经济的转变过程,农地制度不断发生变革,农地政策也进行了适应性调整。当前经济正发生阶段性变化,已进入高质量发展阶段,提升发展质量、调整结构是重点,制度建设是保障。农地确权是我国经济发展阶段变化的必然结果。

一　经济发展由高速增长转向高质量发展阶段

农地确权工作适应当前农村经济发展阶段变化的需要。党的十九大报告指出，我国经济已由高速增长向高质量发展阶段转变，进入新发展阶段。在当前我国劳动力优势减弱、人口资源与环境问题日益突出的宏观环境制约下，经济增长模式由过去强调数量增长转向注重经济质量提升，由过去主要依靠传统农业、工业、服务业向"四化同步"的全面现代化发展方向转变。这为农村经济改革指明方向，同时对农地利用方式、土地管理模式提出新的要求。因此，为适应经济高质量发展需要，有必要重新审视农地产权制度设计，创造出符合我国经济发展新阶段要求的农村发展新业态新模式。

二　经济发展结构走向均衡

习近平总书记在党的十九大报告中明确指出："中国特色社会主义进入新时代，我国社会主要矛盾已经转化为人民日益增长的美好生活需要和不平衡不充分的发展之间的矛盾。"而经济发展的不平衡不充分是中国特色社会主义进入新时代经济发展面临的主要矛盾，其中，经济结构不平衡又是重要内容。我国改革开放后实行非均衡发展战略，客观上造成东、中、西部地区，城镇、乡村地区区域经济社会发展失衡，同时引起工业、服务业和农业发展比例的失调，影响经济长期均衡发展和社会和谐稳定。尤其在经济进入高质量发展阶段后，经济内部结构均衡对整体经济质量提升更为重要。因此，均衡、充分发展被提上议程，经济结构亟须优化。在农业从传统走向现代化的过程中，农业政策包括农地确权政策调整成为经济均衡发展的战略选择。

三　经济发展制度建设更加成熟

经济发展不仅包括注重质量提升和结构优化，还包括制度建设的成熟和定型。我国经济发展总量提升后，各方面的制度化、规范化和法制化程度有待进一步提升。农业作为国民经济的重要组成部分也需要进行制度创新。当前对农地进行科学的产权制度创新和管理模式创新符合经济发展的制度建设要求，农地确权是制度完善的基础。

第四节　农地确权是农村市场深化发展的前提条件

党的十八届三中全会指出，要充分发挥市场在资源配置中的决定性作用。农村市场经济发展首先需要农地制度的改革与优化，农地确权是农村市场化改革的前提，是适应现阶段农产品市场、农地市场、农村金融市场、农村劳动力市场发展的需要。

一　农产品市场体系逐渐成熟

确保农产品有效供给是促进经济发展和社会稳定的重要物质基础，农村市场经济的发展离不开农产品市场体系的构建。我国农产品生产与流通环节发展不断成熟，线上线下市场体系逐渐形成，农产品市场体系进一步完善。农地确权是提高土地流转、促进农业集约生产和规模化经营的重要制度支撑，有利于构建现代农业产业体系、生产体系、经营体系，培育新型农业经营主体，健全农业社会化服务体系，实现传统生产和现代农业发展的有机衔接，促进农村市场体制进一步发展，推进农业、农村市场化。

二　农地市场化改革不断推进

土地作为基础性生产资源，需要充分发挥市场在资源配置中的决定性作用，引导农地市场化改革，以提高农业生产效率。农地市场化的前提是明晰土地产权，清晰的产权界定有利于降低交易成本和提高流转效率。农地市场化的发展与完善，有利于农业规模化经营，同时也是市场机制在农地交易过程中的具体体现。农地确权在农地市场化改革中扮演关键角色。

三 农村金融市场改革取得成效

伴随市场经济的发展，市场准入条件放宽，我国农村金融市场取得一定发展，农村金融服务水平明显提升，但仍然存在发展空间和潜力。农村信贷市场需求广阔，农业保险覆盖率较低，农产品期货与现货市场对价格的引导作用尚未得到充分发挥。农村金融市场的发展离不开农地产权关系的确认。农地确权为农地经营权抵押信贷、农业生产投资、规模化经营投入等提供基础条件，从而提高"三农"的金融服务水平，促进农村金融市场发展。

四 城乡互动、统一的劳动力市场加快形成

工业化、城镇化发展带来农业劳动力的非农转移和就业，并有逐渐"市民化"的趋势。农地确权促进农民对闲置土地进行流转后外出务工或租赁他人闲置土地进行集约生产。土地流转交易更为规范、便捷、稳定，劳动力的城乡流动性进一步提高，城乡统一的劳动力市场进一步得到发展。这不仅可以提高农村劳动力外出就业的稳定性，还能够潜在地加快农村转移人口市民化进程，促进城乡一体化协调发展。

第五节 农地确权是新型城镇化建设的有力支撑

1978~2021年我国常住人口城镇化率从17.92%提升到64.72%，年均增长1.04个百分点，2020年我国户籍人口城镇化率仅为45.4%；2021年河南省常住人口城镇化率已达到56.45%，低于全国平均水平。[①]

---

① 参照国家统计局官网和河南省统计局官网公开的历年国民经济和社会发展统计公报或人口统计数据，通过"城镇化率=城镇人口÷总人口×100%"公式计算得出。

城镇化发展引发对城乡土地需求数量和用地方式的改变，对土地制度的完善提出了进一步的要求。农地确权为城乡土地资源合理配置、劳动力充分流动及现代化建设提供重要保障。

一 新型城镇化建设的土地需求

新型城镇化建设对农地政策改革提出进一步要求。农地确权前，农地产权模糊，农户权利难以得到有效保障，农地流转价格不高，流转效率低，城乡土地资源无法实现合理配置，影响新型城镇化进程。农地确权后，土地产权信息清晰，土地征用、农地流转更为规范，农户权利得到保障，农地流转效率和价格提高。促进农地完成交易，能够提高农地流转率和农民进城务工意愿，有利于城乡土地资源合理配置，满足新型城镇化建设的土地需求。2016年《关于进一步做好新型城镇化建设土地服务保障工作的通知》（国土资规〔2016〕4号）就明确要求做好各业各类用地规划，创新土地管理方式，保障新型城镇化建设用地需求。

二 新型城镇化建设的劳动力需求

新型城镇化建设离不开农村转移人口与劳动力的保障。《2020年新型城镇化建设和城乡融合发展重点任务》又进一步强调"城乡融合发展"，提高"农业转移人口市民化质量"，要求国家城乡融合发展试验区做好城乡人口迁徙、农村产权抵押担保、城乡产业协同发展平台搭建工作试点。农地确权有利于农村剩余劳动力转移到城市就业和创业，有利于形成以城带乡、以工促农、城乡互动、工农互动协同发展的局面。

三 新型城镇化建设的现代化需求

新型城镇化建设促进现代化发展，现代化发展进一步促进城镇化建设。《国家新型城镇化规划（2014～2020年）》指出城镇化与工业化、信息化和农业现代化同步发展，是现代化建设的核心内容。现代化主要体现在农业经济、生产技术、经营方式、农产品流通等环节。党的十九大报告提出"加快推进农业农村现代化",将现代化提到新高度。我国新型城镇化建设中,农业现代化是短板。农地确权有助于提高农业产业化、规模化经营水平,实现农业、农村、农民现代化。

第六节　农地确权是确保国家粮食安全稳定的迫切要求

粮食生产是经济社会稳定发展的重要物质基础,国务院办公厅在2020年11月出台了《关于防止耕地"非粮化"稳定粮食生产的意见》。为了有力保障国家粮食安全,不断推进诸如农地确权、"三权分置"等农地制度改革、持续优化耕地利用尤为关键。目前我国粮食产量与储备量稳定,但粮食单产水平不容乐观,结构性问题突出。

一　粮食总量稳定但单产水平低

《中国农业产业发展报告2020》指出,2012～2019年我国粮食产量稳定保持在6亿吨以上,粮食生产总体情况向好。虽然我国粮食生产总量水平位居世界第一,但全国平均单产水平与其他粮食生产大国相比,还存在差距。

二　粮食储备充足但产品结构不平衡

粮食生产质量关系到粮食储备安全,粮食储备体系需要在农业生产政策的引导和支撑下得以健全稳固,农地确权在这一过程中起到重要作用。目前我国粮食储备数量充足,库存能够维持基本供给,但粮食储备结构不合理。区域结构表现为主产区库存多、主销区库存少,粮食生产与供给的区域性差异和质量差异明显。农产品结构也存在失衡现象,粮食消费、居民饮食习惯的区域性差异明显。

三 粮食净进口结构性短缺严重

2019年全国粮食总产量达到66384万吨，比上年增加594万吨，增产0.9%。但2019年进口粮食达1792万吨，出口粮食达323.6万吨，逆差只占国内粮食总产量的2.2%，粮食安全不成问题。2019年农产品贸易总额数据显示，我国农产品存在贸易逆差，与2018年相比，进口总额、净进口额均有增加。但是，大豆对外依存度超80%（刘慧，2019），玉米、高筋小麦等高质量粮食供需存在缺口。在粮食安全背景下，农地确权是稳定农地供需关系、提高粮食生产效率、确保粮食供给的重要举措。

总之，无论是从农地制度改革、土地政策创新、国家粮食安全角度，还是从农村市场深化发展、新型城镇化建设、乡村振兴、全社会经济一体化发展来讲，农地确权都是政策性强、牵涉面广、影响深远的基础性工作，农地确权模式及其多重综合效应需要进行切实、深入的研究。

第二章
文献综述

农地确权狭义上是指对农村土地各项权利权属的明确认定或确认，广义上是指县级以上人民政府（确权机关）按照一定原则、程序、内容对某范围内的农村土地（或称"某一宗地"）的隶属关系依法准确登记申请、调查审核、登记注册、颁证确认等一系列过程。国内外学界对于土地权属问题的研究由来已久，对农地确权的理论与实践研究是土地制度研究的具体深化，不仅仅是登记发证，其综合效应及模式选择远超出其具体操作本身。

第一节 相关研究学术简史

农地确权及其综合效应研究源于农地制度研究，是农地制度研究的深化体现与实践诉求。本研究认为，自改革开放以来，学术史大体上可分三大阶段。

一 农地走向有偿使用阶段（1978~1992年）

新中国建立到20世纪70年代末，农村地权经历了从私有地权逐渐走向集体化的过程。"农民的土地所有权"经初级社、高级社到人民公社制，形成了"三级所有、队为基础"的农村土地集体所有制。从改革开放后到1992年11月，研究重点在推进农地有偿使用方面，即在逐渐探讨给予农民承包权基础上促进土地的有偿使用。

二 深化农地权利创新阶段（1992~2013年）

从1992年党的十四大报告明确提出建立社会主义市场经济体制到2013年11月，研究重点在农地权利深化细分、农地市场化交易、土地冲突化解等，文献浩繁。文献研究包括有关农村治理的影响研究（Kennedy et al.，2004）、家庭人员性别影响土地权利的研究（Chen and Summerfield，2007）等。

三 明晰确权优化治理阶段（2013年至今）

2013年11月《中共中央关于全面深化改革若干重大问题的决定》发布至今，研究重点为如何正式全面推进农地确权工作，并同时研究农地"三权分置"创新、"与国有土地同等入市、同权同价"等（罗必良，2017）。例如，"三权分置"视域下产权完整性与安全性对农地流转的影响（阿布都热合曼等，2020）以及"三权分置"经济学与法学逻辑（廖洪乐，2020）等。许多研究强调如何深入实施农地确权工作和解决相关问题，目的在于赋予农民更多财产权利，推进城乡要素平等交换，更好地保护农民权益。

总之，学术界对农地确权的理论与实践研究是土地制度研究的具体深化，不仅是登记发证，其综合效应及模式选择远超出其具体操作本身。从2018年全国农地确权工作基本完成至今，研究重点为农地治理路径、农地确权影响等。

第二节 国外相关研究综述

一 农地确权政策制度研究

农地确权研究与农地制度紧密融合。近年来研究包括如下几个方面。(1) 农地产权制度。性别差异、人口压力等对农地产权制度产生影响（Mwesigye，2017；Kieran et al.，2017）。(2) 农地制度设计。Ho (2005) 认为基于中国社会的复杂性，不同时期的政府有可能设计模糊性的土地制度。Song (2015) 则认为正是因为存在土地产权制度的模糊性才使得农民在行使土地发展权时会采取不同方法。(3) 农地制度评价。有学者对农地制度平等问题进行研究（Mullan et al.，2011）及国外许多学者对农地制度影响问题进行持续关注。(4) 各国农地制度的历史变迁。如 Horst (2017) 对美国俄勒冈州、Tsegaye 和 Dessalegn (2017) 对埃塞俄比亚的农地制度研究。

研究认为，不同国家实行差异化的农地确权政策，其原因在于各国所实行的经济政策、历史习惯以及土地条件不同。如政府非正式行为对土地政策效果有极大影响（Rubin，2018）等，而因地制宜的地方灵活性的做法有利于权利确认或交易（Ahmed et al.，2019）。

二 农地产权契约效率研究

自科斯分析土地产权效率而产生新制度经济学以来，加之张五常突破土地合约效率传统观点，多数研究常预设或认同私有产权有效率。Rao (2005)、Kung 和 Bai (2011) 则认为中国农村的实际情况决定了土地交易契约的多样性；农地权利的不安全限制了乡—城人口转移（Rupelle et al.，2010）；农地确权的实际形式具有多样性，效率、效果也不同，而耕地契约期限的不同推动了租地价格的上升等。

三 农地确权对土地流转的影响研究

多数研究肯定了农地确权对土地流转的正面影响（Wang et al.，1996；Lanjouw，1999），从减少土地纠纷角度的研究集中于欠发达国家或地区（Tchatchoua-Djomo et al.，2020）。农地确权若强化从事农业生产的资源禀赋则对土地流转有积极影响（Jiang et al.，2018），但 Duke (2004) 认为土地需求收缩、供应扩张和交易成本的干扰，抑制土地价格和土地流转。Macmillan（2000）认为政府应对土地市场进行干预，纠正土地市场失灵的状况。

四 农地确权对生产效率的影响研究

农地确权对生产效率的影响主要有以下三种。一是正相关关系。农地确权能够减少土地纠纷，提高土地持续利用效率和生产效率（Feder et al., 2011；Laure and Laurent, 2014；Melesse and Bulte, 2015）。二是负相关关系。农地确权会造成生产低效并由此抑制农民收入（Deininger and Jin, 2009）。三是无显著关系（Duke, 2004）。

五 农地社会管理、公共治理研究

"公地悲剧"在集体所有制下有类似情况，"公共池塘资源"产权的关键在于公共治理，仅有所有权是不够的；应特别关注转型经济产权的"反公地悲剧"和社会代价。反观中国农地产权制度改革，更是受多种因素决定，如政府税源、基层权力关系等，过渡性制度对中国可能更合适（Ho, 2005）。也有研究表明，决定土地交易的并不一定都是平等价值交换和背景清晰（Lovett, 2017）。总之，土地管理政策对中国而言已超出了经济效率意义。

此外，还有国外学者对农地确权的种族、性别等公平性影响问题进行了研究，其中，性别差异及妇女权利保障方面的研究较多，论证了不同种族、性别的土地权利的不同（Sargeson, 2012；Melesse and Bulte, 2015；Lee, 2020）。

第三节 国内相关研究综述

一 农地制度改革研究

农地制度改革研究文献和成果众多。尽管有农地国有化、私有化、集体所有完善论等分野，但对稳步推进改革、"还权赋能"、创新经营有较多认同。(1) 偏重持续改革农地权利的研究。如"三权分离"或"三权分置"自20世纪90年代初逐渐从理论走向实践（韩俊，1999；张红宇，2012；赵阳等，2014），现在已经被逐渐细化研究并推进实践，如农地"三权分置"产权解构（陈思等，2020）、"三权分置"下宅基地退出问题（赵茜宇、张占录，2020）、城乡融合发展视域下"三权分置"问题深化土地制度改革研究（蔡超，2021）等，多元所有制更能推动社会进步（党国英，2013）。近年来研究进一步深化，如将城乡土地制度改革统筹考虑（高帆，2020）等。(2) 偏重农地权利交易的研究。农村建设用地交易权（蔡继明，2013）和农地治理结构（谭荣、曲福田，2010）得以强调，土地承包经营权明确为永业权、出租的为租业权等（刘正山，2014）受到关注。但农地流转并非土地私有化（丁关良，2009）。(3) 偏重改革与农地确权的研究。还有学者结合我国农地产权制度变革过程，从不同角度研究农地产权制度变迁（姚志、文长存，2019；朱兆伟，2019）。农地确权激励农户增施有机肥、秸秆还田、施测土配方肥（钱龙等，2021）等。

二 农地确权实施技术与政策效果研究

早期研究侧重确权实施技术，例如，赵彦刚和徐喜旺（2014）对3S技术、李超（2015）对地理信息技术、吴永胜等（2015）对CORS系统、林修俤（2015）对ArcGIS技术、杨萍（2015）对确权发证数据库在农地确权中的应用等进行了研究。目前，学界更偏重于对农地确权颁证政策实施效果的研究。例如：陈奕玮和丁关良（2019）分析认为农地确权政策执行效果有滞后性，短期无显著经济效益；罗必良和张露（2020）研究发现不同区域确权政策的效果不同，政策红利有待进一步挖掘。韩俊等（2008）在对城乡二元形态发展的探讨中，不约而同地提到了城乡一体化发展过程中存在的根本问题之一是农民的基本权利能否得到保障，而这离不开土地制度的改革和农地确权颁证工作的实施。

于建嵘和石凤友（2012）、刘照媛等（2015）、刘兆征（2015）、曾皓等（2015）从不同角度研究了农地确权政策落实存在的主要问题。

还有研究认为，农村土地归集体所有而具有公共物品的性质导致农地确权模式不能突破集体所有的底线（杜奋根，2017），"准私有产权"形式的农村土地家庭承包经营制度使确权到户模式更符合实际（罗必良，2019），土地共有产权强度决定了农地确权的模式选择（罗明忠、唐超，2018），因此，农地确权要注重发挥农户的主观能动性并增强其参与性（罗明忠等，2018）。

三 农地确权对集体成员权、农民权益的影响研究

在集体成员权与农地确权方面，较多研究认同农地权利基于农民集体成员权，按份共有制似可破解成员权，保障农民地权（韩俊，2004）。也有研究将农地权能赋值、细化研究地权有效性（叶剑平、徐青，2007）。党国英（2013）按产权配置技术性要求区分社区成员权与经济组织成员权。他认为农地确权为破解集体成员权提供了制度基础。在农民权益与农地确权方面，较多研究认同农村土地的确权颁证涉及农民的切身利益，有利于对农民集体权益的保护（聂洪辉，2017；龚玫，2019；罗明忠、万盼盼，2019）和家庭农业收入的提高（许恒周等，2020），但农地确权对家庭农业收入的作用程度不明确（王化起、朱娅，2020）且在中西部地区收入效应不明显（许恒周等，2020）。在农地确权后妇女权益保障方面，研究较多，如张同龙和张林秀（2017）、常伟和杨阳（2018）、宋新建（2019）、杨丽和张永英（2020）的多数研究表明农地确权导致妇女权益受损。新形势要求对农村土地权利配置进行新一轮改革，必须通过确权以提升农地产权明晰度，增强农户对产权的排他性，赋予产权交易灵活性，以增强农民对农地资产价值属性的处置能力。常伟和杨阳（2018）调查研究了农村土地确权问题对农村妇女权利的影响，发现农地确权中妇女土地权益未得到有效保护，造成农村妇女土地权利受损。

四 农地确权对土地流转的影响研究

农地确权对土地流转的影响主要有以下两种观点。(1) 农地确权会促进农地流转。研究大多基于交易成本的考量,认为农地确权能够降低农地流转的交易成本,从而促进农地流转,提升农地利用效率(程令国等,2016;丁玲、钟涨宝,2017;许庆等,2017;谭洪业,2018;朱建军、杨兴龙,2019;李江一,2020)。(2) 农地确权对农地流转有抑制作用。基于交易费用或行为经济学相关理论,有研究者认为农地流转与农户流转意愿有关,而农户的"土地情怀""生产惯习"可能制约流转意愿(林文声等,2017;田甜等,2017;蔡洁、夏显力,2017;丰雷等,2019);有学者基于实证分析的结论,如罗必良和张露(2020)认为农地确权对农业劳动力的非农转移并未产生积极的促进作用;有学者认为农民产权意识和农地"人格化财产"属性造成农地确权的实施反而抑制土地流转(张韧等,2019;仇童伟、罗必良,2020);也有学者基于政策滞后性角度对农地确权进行了研究(韩家彬、刘淑云,2019)。

五 农地确权对农地规模化经营、农地金融的影响研究

较多研究认为地权可分性、交易状况等都影响土地规模经营及其效率(黄祖辉,1999;刘凤芹,2006),应将农户确立为农业经营主体并坚持家庭承包经营制度(张晓山,2014),以"三权分离"的新制度重构土地集体所有制,解决土地细碎化问题(夏柱智,2014)。而许庆等(2011)认为只为粮食高产而进行规模经营并不可取。相关研究差异的焦点集中在土地规模如何"适度"上,但是温铁军(2014)认为中国农业基于亚洲小农的复杂性迫使我们必须摒弃简单追求规模化经营的做法。田剑英(2019)分析农地金融在支持农业规模化经营中存在纠纷、交易和违约问题,农地抵押融资覆盖率不高且存在上升空间(陈淑玲,2019),需要政府推动(周超,2019),要加强农民金融知识宣传与教育(苏岚岚等,2018),此外还要警惕农地抵押融资风险。

六 农地确权与农村"四化同步"发展的总体效应研究

农地确权与农村"四化同步"发展的总体效应研究较广泛,如农地确权保护农民利益、激励农业长期投资、促进农业可持续发展(刘守英,2012;黄季焜、冀县卿,2012)、提高农业绩效(姚洋,1998)、促进城乡统筹发展(叶剑平,2010)、加速城市化进程(马晓河,2012)等;完善土地法制也可提升制度效率(王小映,1999;张千帆,2012)。贵、川、渝等改革试点区也多有成果(周其仁,2009),农地市场化能提高土地制度效率,应推进中国特色的新型农业现代化(韩俊,2014),应防止土地流转和资本下乡的"非粮化"现象(杨瑞珍等,2012;赵小风等,2019),但贺雪峰(2014)认为应慎行农地确权政策。

此外,还有学者研究了农地确权的经济后果。(1)对农民生产行为和农业生产效率的影响。如薛畅(2019)在对相关文献梳理总结的基础上,研究了农地确权政策产生的资源禀赋效应。钟成林(2019)研究了农地确权的农业生产效率的"空间外溢效应"。(2)对农村信贷市场的影响(李景荣等,2018;谢晓雯等,2019;米运生等,2020)。(3)对农民就业创业和收入的影响(冒佩华、徐翼,2015;苏岚岚,2019;韩家彬、刘淑云,2019)。(4)其他经济后果。如农地确权对农地利用方式的影响(罗明忠、万盼盼,2019)等。

第四节 总体评述

上述国内外学者从农地确权制度和政策、农地确权与各类主体和各类客体之间的关系等多方面做了丰富的研究,为系统了解和研究农地确权相关内容建立了整体认识框架。国内外农地确权研究方向异同点如表2-1所示。

第二章 文献综述

1. 国内外农地确权研究都包括农地确权制度与政策、农地确权与土地流转关系等内容。尤其是从广义上讲，国内外学者对于农地确权制度本身、农地确权对土地流转的影响机理研究普遍认同，这与农地确权基础性作用密不可分。近年来，国内研究更强调政策实施效果和农地制度的细化研究，例如"三权分置"改革等。

2. 国内外对农地确权的影响研究众多，方向与切入点也不同。国外农地确权研究侧重农地确权对产权契约效率、生产效率、农地社会管理和公共治理方面的影响；国内研究多考量农地确权对集体成员权、农地规模化经营和农地金融的影响，尤其在农业劳动力非农转移方面研究成果丰富，在"四化同步"发展的社会效应方面研究广泛。

3. 国内外研究差异的原因可能有以下几个方面。（1）土地所有制度不同。欧美国家实行土地私有制，我国实行农村土地集体所有制。（2）行政体制和管理方式不同。国外多关注政府保障农地市场化运行，国内更强调政府在管理和决策中的职能与作用，这一点在严防耕地"非粮化"影响上更为突出。（3）现实环境、发展阶段和人地关系不同。发达国家农村经济发展程度高、农业劳动力少、人地关系宽松，土地集约化、生产规模化程度高。我国始终有非常紧张的人地关系和农业劳动力非农转移的现实背景，农业长期分散化经营，缺乏发达国家农业集约式生产的基础条件，农地确权开展时间晚，研究重点在农地的规模化经营与确权政策的实施效果上。

综上所述，国内的理论研究大多紧扣中国社会经济发展实际和改革进程，侧重农地权利边际变革的解构和社会综合效应分析，农地确权实践呈现为试点、总结、渐进展开的过程，而对农地确权的综合效应衡量与系统性研究较少。国外研究多突出个体权利的获得与实施，关注政府、法律等多因素对农地权利的影响，多倾向土地私有化。可以看到，尽管一直存在对农民"还权赋能"的理论研究与现实呼吁，但农地确权的实际进程在全国范围内并不均衡，区域差异巨大，效果不易比评。虽然国内外学者都从不同角度对农地确权进行了广泛探讨，但是目前研究还存在以下几点问题。(1) 有关农地确权的综合效应问题。上述论著多从制度、产权、市场的角度来看待农地确权的经济效应,从综合效应的角度分析农地确权问题的文献很少。(2) 研究多为宏观层面及省域视角,站在区域视角研究某一区域农地确权综合效应问题的文献更少。对于粮食主产区农地确权的综合效应问题有待深入研究和讨论。

因此,新时代中国特色社会主义建设中,紧迫的农地确权实践亟须深化相关研究:(1) 大国粮食安全应被设为此类研究的背景,并系统研究农地确权的综合效应,如内涵界定与量化评价等;(2) 粮食主产区在推进以人为核心的新型城镇化进程中,如何进行农地确权模式选择与优化,正向引导农地确权的综合效应,降低高昂的农地确权成本和农地权利交易成本,破解多方矛盾冲突。

表 2-1　国内外农地确权研究方向异同点

相关研究	研究方向	相同点	不同点
国外研究综述	1. 农地确权政策制度研究	√	
	2. 农地产权契约效率研究		√
	3. 农地确权对土地流转的影响研究	√	
	4. 农地确权对生产效率的影响研究		√
	5. 农地社会管理、公共治理的研究		√
国内研究综述	1. 农地制度改革研究	√	
	2. 农地确权实施技术与政策效果研究		前期侧重技术研究
	3. 农地确权对集体成员权、农民权益的影响研究		√
	4. 农地确权对土地流转的影响研究	√	
	5. 农地确权对农地规模化经营、农地金融的影响研究		√
	6. 农地确权与农村"四化同步"发展的总体效应研究		√

注:表格中"√"表示国内外研究在该方向上是相同的或不同的。

第三章
粮食主产区农地确权总体现状

第一节 粮食主产区社会经济现状

我国粮食主产区涵盖黑龙江、吉林、辽宁、内蒙古、河北、河南、山东、江苏、安徽、四川、湖南、湖北、江西13个省份,在粮食生产、维护国家粮食安全中起核心作用,我们首先对粮食主产区的经济社会总体发展状况进行分析。

一 粮食主产区经济发展现状

1. 地区生产总值

根据2018年数据(见表3-1),13个粮食主产区的地区生产总值在全国排名前十的有江苏、山东、河南、四川、湖北、湖南;居中的有安徽、河北、辽宁、江西;靠后的有内蒙古、黑龙江、吉林。其中,河南的生产总值在全国31省份中排名第五,在粮食主产区中排名第三,经济总量水平排名居全国前列。

2. 财政收入

2018年,13个粮食主产区中,江苏的财政收入最高,为8630.16亿元,占全国财政收入的比重为4.71%。吉林的财政收入最低,仅为

1240.84亿元,占全国财政收入的比重为0.68%,远低于全国平均水平。13个省份中达到全国平均水平的仅有江苏、山东2个省份,13个粮食主产区贡献了全国70%以上的粮食产量,但财政收入占全国的比重仅为24.48%。2018年,河南的财政收入为3763.94亿元,占全国的比重仅为2.05%,低于全国平均水平。

3. 人均可支配收入

2018年,我国城镇居民人均可支配收入为39250.84元,农村居民可支配收入为14617.03元,城乡居民人均收入倍差为2.69。13个粮食主产区中只有辽宁、山东、江苏、湖北4个省份农村人均可支配收入超过全国平均水平,其余均低于全国平均水平。13个粮食主产区中仅内蒙古的城乡居民人均收入倍差高于全国平均水平,为2.78,其余倍差均低于全国平均数值。2018年,河南农村居民人均可支配收入达到13830.74元,相比2016年、2017年分别增长了18.2%、8.74%,但仍低于全国平均水平。

4. 人均消费支出

2018年,全国城镇常住居民人均消费支出为26112元,乡村常住居民人均消费支出为12124元。13个粮食主产区中城镇居民消费支出达到全国平均水平的只有辽宁、江苏2个省份,其余11个省份均低于全国平均水平。乡村常住居民消费支出达到全国平均水平的有内蒙古、河南、江苏、安徽、四川、湖南6个省份,其余均低于全国平均水平。粮食主产区农村居民消费有较大增长空间和潜力。

综上,粮食主产区的财政收入、农村居民可支配收入、人均消费支出等普遍低于全国平均水平,且不均衡。同时也表明粮食主产区经济发展有较大提升空间。

表3-1 2018年全国31省份地区生产总值及排名

省份	GDP（亿元）	全国排名	粮食主产区排名	省份	GDP（亿元）	全国排名	粮食主产区排名
广东	99945.22	1	—	江苏	93207.55	2	1

续表

省份	GDP（亿元）	全国排名	粮食主产区排名	省份	GDP（亿元）	全国排名	粮食主产区排名
山东	66648.87	3	2	云南	20880.63	18	—
浙江	58002.84	4	—	广西	19627.81	19	—
河南	49935.90	5	3	内蒙古	16140.76	20	11
四川	42902.10	6	4	山西	15958.13	21	—
湖北	42021.95	7	5	贵州	15353.21	22	—
福建	38687.77	8	—	天津	13362.92	23	—
湖南	36329.68	9	6	黑龙江	12846.48	24	12
上海	36011.82	10	—	新疆	12809.39	25	—
安徽	34010.91	11	7	吉林	11253.81	26	13
北京	33105.97	12	—	甘肃	8104.07	27	—
河北	32494.61	13	8	海南	4910.69	28	—
陕西	23941.88	14	—	青海	2748.00	29	—
辽宁	23510.54	15	9	宁夏	2748.00	30	—
江西	22716.51	16	10	西藏	1548.39	31	—
重庆	21588.80	17	—				

资料来源：根据国家统计局官网公布的分省份年度数据整理所得。

二 粮食主产区农村市场发展情况

1. 农产品市场

粮食主产区农产品批发市场体系逐渐成熟，商品生产流通格局初步形成，农业生产规模化和集约化程度得到加强。粮食主产区生产价格总体较稳定。粮食主产区土地资源丰富，农产品生产规模化、集约化程度相对较高。以河南为例，2019年12月发布的《河南省农村经济社会发展报告》显示，2018年底规模经营耕地面积为1295.6万亩，农民专业合作社为8.5万个，专业大户为9.2万户，家庭农场为2.9万个。规模化经营扩大，保障了农产品市场的稳定供应。

2. 农村土地市场

近年来，农地确权政策持续推进，农地流转面积呈现快速增长态势。截至2020年4月，黑龙江、辽宁、内蒙古、河北、河南、山东、江苏、安徽、湖南共9个粮食主产区设立农村产权交易市场并展开试点。粮食主产区土地需求发布量、交易量总体呈现上升趋势，过去在线下开展的土地交易也逐渐在线上发布，土地供需双方逐渐寻求网络途径开展交易，土地流转类型以耕地为主，土地流转市场趋于成熟，农村土地流转行业市场逐步形成。

3. 农村金融市场

农村信贷市场、保险市场、期货市场的发展对粮食主产区健全农村金融市场体制、提高农村金融服务发展水平、提高农业抗风险能力、促进农民生活水平的提高，都具有重要意义。从近年来粮食主产区农村金融市场发展情况看，除黑龙江2018年涉农贷款余额增速为负外，其余均呈正增长趋势。《国务院关于全国农村承包土地的经营权和农民住房财产权抵押贷款试点情况的总结报告》显示，2018年9月末，全国"两权"① 抵押贷款试点地区"农地"抵押贷款余额为520亿元，同比增长76.3%。

4. 农村劳动力市场

2002~2012年，全国及13个粮食主产区乡村从业人员数量均呈增长趋势。《中华人民共和国2019年国民经济和社会发展统计公报》显示，2019年，全国农民工总量已达到2.91亿人，比上年增长0.8%，其中，外出农民工17425万人，本地农民工11652万人。这进一步增加了农村剩余劳动力转移的压力和就业压力，阻碍新型城镇化进程中的城乡要素流动。推动农村剩余劳动力向非农产业转移，加快新型城镇化建设，就需要从体制和政策上进行改革，进一步推进农地确权政策改革，以引导农村劳动力市场有序健康发展。

---

① 两权是指农村承包土地的经营权和农民住房财产权，即"农地"经营权和"农房"财产权。

三 粮食主产区城镇化发展现状

2018年,我国粮食主产区城镇化率均超过50%,其中黑龙江、辽宁、内蒙古、山东、江苏、湖北6个省份城镇化率高于全国平均水平(59.58%),其余7个均低于全国平均水平。2018年,全国户籍人口城镇化率为43.37%,已公布数据显示仅有黑龙江户籍人口城镇化率高于全国平均水平,为50.05%。同年,河南户籍人口城镇化率仅为32.89%。

四 粮食主产区粮食生产现状

13个粮食主产区贡献了我国3/4的粮食产量和4/5的商品粮供给量。

1. 粮食播种面积

如表3-2所示,2017年粮食主产区粮食播种面积为88735.26千公顷,占全国粮食播种面积的75.21%。黑龙江的粮食播种面积占全国粮食播种面积的比重最大,为12.00%;辽宁的粮食播种面积占全国粮食播种面积的比重最小,为2.94%。河南的粮食播种面积较为稳定,近年来均保持在1000万公顷左右的水平上。

2. 粮食产量

2006~2016年,我国粮食主产区的粮食产量占全国粮食产量的比重维持在75%~76%,2017年、2018年的占比分别达到78.81%、78.69%。2018年我国粮食主产区的粮食产量占全国粮食产量的比重虽有小幅下降,但相对稳定。2017年、2018年粮食产量占全国比重最大的黑龙江与粮食产量占全国比重最小的江西(2018年的辽宁的占比与江西的占比同为最小,都是3.33%)相差分别为7.84和8.08个百分点。粮食主产区粮食生产总量一直比较稳定,区域间差异变化幅度小。

3. 粮食单位面积产量

如表3-2所示,2017年,全国粮食单位面积产量为5607.36公斤/公顷,其中粮食主产区的单位面积粮食产量均值为6091.45公斤/公顷,高于全国平均值484.09公斤/公顷。2018年,全国粮食单位面积产量为

表 3-2　2017~2018 年粮食主产区粮食生产状况

地区	粮食播种面积（千公顷）2017 年	粮食播种面积（千公顷）2018 年	比重（%）2017 年	比重（%）2018 年	粮食产量（万吨）2017 年	粮食产量（万吨）2018 年	比重（%）2017 年	比重（%）2018 年	粮食单位面积产量（公斤/公顷）2017 年	粮食单位面积产量（公斤/公顷）2018 年	比重（%）2017 年	比重（%）2018 年
全国	117989.06	117038.21	—	—	66160.72	65789.22	—	—	5607.36	5621	—	—
13 个粮食主产区	88735.26	88313	75.21	75.47	52138.30	51769	78.81	78.69	6091.45	5941	—	—
黑龙江	14154.28	14215	12.00	12.15	7410.34	7507	11.20	11.41	5089.00	5281	90.76	93.95
吉林	5543.97	5600	4.70	4.78	4154.00	3633	6.28	5.52	7405.50	6487	132.07	115.41
辽宁	3467.48	3484	2.94	2.98	2330.74	2192	3.52	3.33	6621.10	6293	118.08	111.96
内蒙古	6780.92	6790	5.75	5.80	3254.54	3553	4.92	5.40	4808.20	5233	85.75	93.10
河北	6658.52	6539	5.64	5.59	3829.25	3701	5.79	5.63	5666.50	5660	101.05	100.69
河南	10915.13	10906	9.25	9.32	6524.25	6649	9.86	10.11	5893.60	6097	105.10	108.47
山东	8455.60	8405	7.17	7.18	5374.31	5320	8.12	8.09	6342.40	6329	113.11	112.60
江苏	5527.31	5476	4.68	4.68	3610.80	3660	5.46	5.56	5406.40	6684	96.42	118.91
安徽	7321.79	7316	6.21	6.25	4019.71	4007	6.08	6.09	6642.50	5477	118.46	97.44
四川	6291.99	6266	5.33	5.35	3488.90	3494	5.27	5.31	6441.40	5576	114.87	99.20
湖南	4978.95	4748	4.22	4.06	3073.60	3023	4.65	4.59	4862.40	6367	86.71	113.27
湖北	4853.00	4847	4.11	4.14	2846.13	2839	4.30	4.32	4471.70	5858	79.75	104.22
江西	3786.32	3721	3.21	3.18	2221.73	2191	3.36	3.33	3667.40	5887	65.40	104.73

资料来源：《国家统计局关于 2018 年粮食产量数据的公告》，国家统计局官网，2018 年 12 月 14 日，http://www.stats.gov.cn/tjsj/zxfb/201812/t20181214_1639544.html；《国家统计局关于 2017 年粮食产量数据的公告》，国家统计局官网，2017 年 12 月 8 日，http://www.stats.gov.cn/tjsj/zxfb/201712/t20171208_1561546.html。

5621公斤/公顷，其中粮食主产区单位面积粮食产量均值为5941公斤/公顷，高于全国均值320公斤/公顷。2017年，有7个粮食主产区单位面积产量高于全国平均水平，河南为其中之一。

4. 农村居民家庭经营耕地面积

如图3-1所示，2012年全国农村居民家庭经营耕地面积2.34亩/人，粮食主产区中仅有4个省份高于全国平均水平，分别是黑龙江、吉林、辽宁、内蒙古。其余9个省份的数值均低于全国平均水平。粮食主产区区域间农户耕地面积差异较大，最高的黑龙江的农村居民家庭经营耕地面积为13.56亩/人，最低的四川的数值为1.14亩/人。

总体上，粮食主产区粮食生产状况高于全国平均水平，但粮食生产状况存在差异。

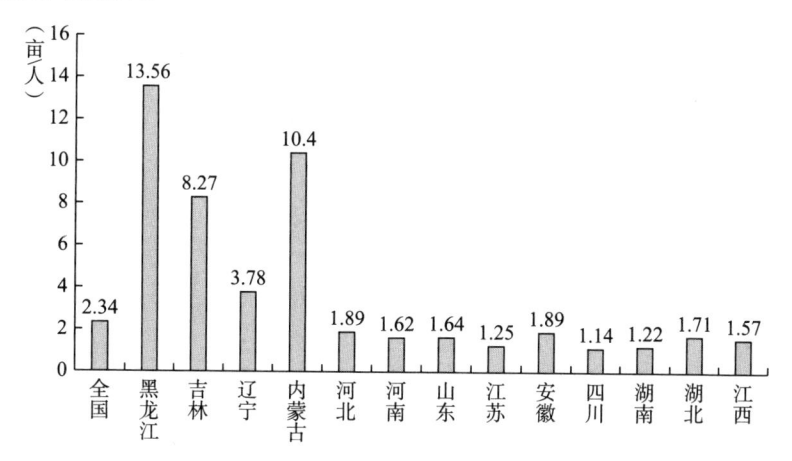

图3-1 2012年粮食主产区农村居民家庭经营耕地面积

资料来源：根据《中国统计年鉴（2013）》数据制成。

第二节 农地确权现状

一 总体情况

全国农地确权于2008年正式被提出，于2009~2012年进行试点，于2013年全面开展，全国大部分地区在2018年底基本完成该项工作。根据农业农村部的数据，2019年，全国农村土地确权登记发证率超过94%，全国农地确权面积达到14.8亿亩，占实测承包地面积的88.62%。由于我国农村地区范围广泛、农户众多、工作量大、情况复杂，一些耕地权属纠纷短时间难以化解，因此有部分土地未能确权成功，后期仍存在遗留问题。2014~2016年，粮食主产区农地确权整省试点工作稳步推进。以河南为例，按照《河南省人民政府办公厅关于开展农村土地承包经营权确权登记颁证试点工作的意见》（豫政办〔2014〕111号），自2015年河南开始进行农地确权全省试点工作。2015~2017年在河南1529个乡镇的2.9万个行政村开展农地确权工作，2018年底基本完成这项工作。2019年，《河南省农业农村厅关于印发〈河南省继续做好农村承包地确权登记颁证"回头看"工作实施方案〉的通知》（豫农经管〔2019〕2号），要求做好证书发放、信息错误、权属争议、数据归档管理等遗留工作。

二 农地确权的流程：以河南省为例

根据《农业部办公厅关于印发〈农村土地承包经营权登记试点工作规程（试行）〉的通知》（农办经〔2012〕19号）规定确权操作流程（家庭承包方式登记）有8个，分别是准备前期资料、入户权属调查、测量地块成图、公示审核、建立登记簿、完善承包经营权证书、建立农村土地承包管理信息系统、资料归档等。按照2010年《农业部 国家档案局关于加强农村土地承包档案管理工作的意见》（农经发〔2010〕12号），由县乡农村土地承包管理部门整理登记相关资料进行归档。《河南省人民政府办公厅关于开展农村土地承包经营权确权登记颁证工作的实施意见》（豫政办〔2015〕39号）提出指导农地确权的工作程序。在上述文件指导下，各基层乡（镇）、村结合自身实际情况，制定具体工作方案，开展农地确权工作。

根据《河南省人民政府办公厅关于开展农村土地承包经营权确权登

记颁证工作的实施意见》，河南农地确权流程如下。

1. 宣传动员：成立机构、制定方案、开展动员、培训骨干。
2. 调查摸底：查清承包底数、查清农户状况、梳理矛盾纠纷。
3. 测绘公示：勘测定界、公示确认（一般经过 3 次）。
4. 登记颁证：建立健全农村土地承包经营权登记簿、颁发农村土地承包经营权证书、建立确权登记颁证管理信息系统、归类存档。
5. 总结验收。

地籍调查勘测标准依据《农村土地承包经营权调查规程》（NY/T2537-2014）；农村土地承包经营权登记数据库录入依据《农村土地承包经营权确权登记数据库规范》（NY/T2539-2014）。

三 农地确权的影响

微观上，农地确权的影响主要是对农户及其家庭的改变，包括农地确权对农户家庭收入、家庭就业方向、承包土地流转、是否组织或参与合作社、是否引进新的农业生产技术或机械耕作等直接影响。根据本课题组进行的河南农地确权调研数据，588 户家庭有效调查数据中有 312 户认为农地确权对家庭就业方向产生影响，占比为 53.06%；149 户认为农地确权能够带来收入的提升，占比为 25.34%；[①] 112 户认为农地确权能够促进土地流转，占比为 19.05%；15 户认为农地确权影响其是否继续种植，占比为 2.55%。78.4% 的农户家庭认为农地确权对就业、收入影响较大。宏观上，农地确权影响体现在农业规模经济、新型城镇化建设等间接方面。农地确权产生的人口迁移、劳动力流动效应，有利于加速新型城镇化进程。农地确权可以提高土地流转效率，农户参与农业集约化经营，进一步促进农村规模经济。

---

① 此数据结果根据本课题组调研原始数据计算得到，详细参见本书第五章的调研数据实证分析。

四 土地流转现状

根据本课题组调研的河南农地确权情况,土地流转可分为转包、出租、互换、转让、股份合作(入股)等形式。流转价格可按实物折价,也可约定单亩价格。流转原因主要有外出打工、经商、自家劳动力缺乏、自己耕种不划算、技术更新扩大耕种规模、资金雄厚种植新作物、开展养殖等项目需用土地以及种粮大户扩张等。流转合约方式可以是书面形式,也可以是口头非正式的形式。流转去向包括亲戚、邻居、外村的人、专业合作社或股份合作社、企业等其他主体。组织土地流转的主体主要有村委会、上级政府、个人私下协商及其他。获取土地流转信息来源有村民沟通,村委会,乡镇、县土地流转平台,互联网等。

实际土地流转有两种渠道。第一种是传统的私下土地流转方式,主要通过村组干部或中间人协调沟通,多由邻居或亲戚托管,合约基本是口头合同,约定流转价格不一。第二种是通过新兴的专业土地流转交易平台完成,通常通过政府部门建设的土地流转网站进行转让与流通。交易平台网站的主要作用是维护土地供求信息的发布,为土地顺利流转提供信息支持和交易平台。全国相对成熟、流量较高的土地流转网站如土流网,由买家或卖家在线上发布土地信息,① 在土地详情里详细描述:①土地的权证类型(农村土地承包经营权证)、权证有效期限、权属类型;②地块的详细情况(土壤质地、有效土层厚度、土壤肥力、地块形状、平整程度、灌溉及排水条件);③配套设施(供水、网络、机械化程度、附属设施);④周边环境(高速公路、配套市场、机场、铁路、国道、港口);⑤经营现状(合适的经营方式、当地劳动力资源是否充裕、当地农民主要收入及来源、地块利用现状、地块产出)。交易平台提供土地测评,免费对土地进行评分,预约带看地源,提供土地

---

① 此处"买家"和"卖家"指土地流转的需求方和供给方。

经营建议及农产品销售渠道支持等服务。根据我们的调研，粮食主产区农地确权后农民土地流转意愿明显增加，但实际土地流转面积并没有大幅度增加，其中原因是多方面的（参见第五章量化分析）。

五 农地确权遗留的问题

2013年中央一号文件提出用5年时间基本完成农村土地承包经营权确权登记颁证工作。在国家总体部署下，农地确权工作取得显著成效。粮食主产区农地确权工作基本上在中央要求的时间节点前完成，但普遍存在一定的遗留问题：部分农民长期在外务工，土地确权信息无法提供造成的确权不成功；实地测量有误、航拍不准确产生的确权登记错误；矛盾纠纷问题造成确权时间延长等。部分争议较大的问题，难以在短期内得到更正，或有待重新核实，或有待上级部门协调解决，或需经司法诉讼处理，成为农地确权遗留的难点。还有些省份的农地流转交易平台无法正常运行，有些平台上可运行的土地流转信息量少，平台没有得到有效利用，无法形成土地流转信息发布常态化等。有些县域甚至没有搭建相应的农地流转交易平台。以我们调研的县乡的部分村组为例，土地确权的前期测绘工作出现失误，导致将原有他人的土地计入另一人名下，同时相关乡村组织工作不到位，加上村民本身有其他顾虑，这一问题至今仍然没有被解决。因此，由于主客观原因，全国各地包括粮食主产区有关农地确权的遗留问题普遍存在，矛盾纠纷和错误在未来一段时间内必须得到解决和纠正，农地确权后的个别遗留问题化解工作需要更加细致深入。

第三节 简要总结

伴随工业、服务业的迅速崛起，城镇化、现代化快速发展，中国农业发展规模与速度相对式微，农村经济发展相对滞后，绝大部分地区单纯依靠农业发展促使农民增收困难。在中国农村土地制度的历史演变及经济发展阶段变化过程中，在农村市场机制逐渐得到完善、新型城镇化建设势在必行、粮食安全问题凸显的条件下，农地确权工作顺应社会发展趋势，农地政策亟待改革以适应现阶段发展需求，粮食主产区农地确权情况更是对新时代国家粮食安全和农业现代化发展起着示范作用和基础性支撑作用，切实保障"中国粮食，中国饭碗"。

第一，农地确权工作为我国农地制度进一步深化改革提供坚实基础。农地制度处于市场在资源配置中起决定性作用这一转型时期，充分发挥市场作用是关键。

第二，农地政策面临新时代创新需求，以适应土地制度改革要求。

第三，经济发展阶段急速变化，更加注重农村经济质量提高、结构均衡。农村一二三产业融合、农业产业化发展需要新思路。

第四，农村发展需要整体性演进。农村市场经济发展较快，逐渐形成较为成熟的体系，为农地确权过程和确权成果创新应用创造有利的市场条件。

第五，新型城镇化背景下城乡人口结构、城乡土地供求关系发生变化，农地确权实践为城乡一体化发展中保护农民利益创造制度基础。

第六，在国家粮食安全背景下，农地配置及利用方式有待优化。因此，国家农地制度与政策改革优化势在必行，农地确权工作符合国家客观现实。

总之，到2018年底我国农地确权工作基本完成，全国颁证率已超过94%。在长达10余年的政策导向、制度研究、方案发布、先行先试、基层具体工作实施中，农地确权工作虽有少许矛盾纠纷或遗留问题，但主体工作得到顺利推进、达到预期效果。目前，随着"三权分置"改革创新的推进，我国农地权利实现形式正在发生改变，这对农村经济、农业发展和农民生活产生深刻影响。粮食主产区作为我国粮食生产主要区域，担负维护国家粮食安全的重要使命。研究粮食主产区农地确权状况及综合效应，对于充分利用粮食主产区农地资源和粮食生产优势，促进粮食生产主要区域的农业规模经济发展，降低农地市场交易成本，提高土地利用效率，切实维护和保障农民权益，具有重要的理论意义和现实意义，同时对未来土地制度深化改革、土地资源利用与保护具有重要的社会意义。

第四章
粮食主产区农地确权的综合效应：定性分析

在前述内容中我们已经提及，农地确权并不只是对农地的登记发证，其影响深远而广泛，远超出其具体操作本身。农地确权唤醒了广大农村庞大的沉睡资产，给农民提供了更多经济社会活动机会，为农业现代化发展拓展渠道，激发了农村社会经济变革的制度和利益基础。因此，农地确权具有多重综合效应。针对这些综合效应，虽然可进行细化分析，但通过调研与交流可知，农地确权牵涉面广且复杂，许多效应很难被量化。因此，我们首先进行定性分析。

第一节 农地确权与农村合作金融发展

如果从总体上考察农民增收、稳步实现共同富裕问题，那么加快推进农村地区多种产业的融合发展是现阶段解决"三农"问题各种内外约束的最优选择。产业融合发展依赖生产要素的及时跟进补充，包括土地、人力、技术和信贷等多种重要投入。与土地、人力、技术、原材料等因素相比，信贷资源更为匮乏，资金是决定农村地区产业融合发展绩效的重要因子。新中国成立后，工业优先发展战略客观上抑制了农村产业发展，通过农村信用合作社和其他商业银行机构，大量的信贷资金被投入城市地区，这一制度安排在为工业发展汇集资源的同时，造成了"三农"发展缺乏足够资源支撑，农村各产业发展存在较大的信贷约束。改革开放以来，社会主义市场机制逐步建立，市场化经营的金融机构的信贷资源进一步向收益机会多的城市集中，农村、农民、农业与农村地区的非农产业发展自然面临更紧张的市场信贷配给问题。

国际上发达国家类似问题的缓解得益于合作金融的发展，以德国为代表，大量合作金融缓解了农村地区产业融合发展遭遇的贷款难题。各国合作金融的发展绩效存在较大差距，尤其比较中德两国农村合作金融，我们可以观察到其在金融机构数量、经营范围、管理机制等环节有显著不同，我国农村合作金融还有较大发展和优化的空间。从契约经济学视角看，农村合作金融更多依赖私人信息，发起设立关系型契约。破解横亘于大型商业银行机构与小农户间的信息鸿沟，需以私人信息为纽带在孤立的小农户信息岛间建立关联，在偏向于熟人交易的关系型契约中对合作者进行甄别、激励、监督并对违约者实施有效处罚。以私人信息为基础、以关系型契约为内容的农村合作金融在世界多地被证明是较为有效破解贷款市场上信贷配给难题的工具，但有效性受制于关系型契约双方的理性行为，而农户的理性行为可看作在私人成本收益比较分析框架中包括土地权利等在内的多元因子构成的系列函数，不确定性影响因素较多。

农地确权后，以正式合法证书形式物化了相应土地的所有权、承包权、经营权（使用权）等相关权利，有利于稳定合作金融中合伙人的预期收益，降低合作风险，可以促使相关参与人的理性行为向积极方向发展，提升各合伙人的合作能力和增加违约成本，必然促进农村合作金融的发展。

一 农地确权前我国农村社会的金融排斥

机会成本的比较诱使金融机构把有限的金融资源从农村抽离并投放到城市地区，农村地区的这种机会成本劣势部分根源于农户的可抵押财产的稀缺,并强化了这种稀缺性,从而客观上形成了对外生性财产增量的制度化需求。

到目前为止,市场经济体制的建立和逐步完善并没有完全解决我国农村地区普遍而严重的信贷配给,甚至在某种程度上比原来更为剧烈。根据中国人民银行发布的数据,2019年末我国金融机构人民币各项贷款余额为153.11万亿元,其中涉农贷款为35.19万亿元,农村(县及县以下)贷款余额为28.84万亿元。① 如果信息是充分的,那么在信贷市场上,贷款供给方可按具体贷款项目的风险要求匹配相应的贷款利率,足够高的贷款利率可覆盖贷款风险,价格机制可引导信贷资源投放到最需要的领域,农村信贷市场均衡可得到有保障地实现。但我国农村信贷市场上普遍存在信息不对称现象,量大而分散的小农户与银行机构签约时,无法提供可靠的公开信息。

1. 投资利润率、城乡差距和农村信贷资源配置

跨国金融实践案例并不支持金融抑制论假说,金融市场化并未大幅度缓解农村地区的信贷约束。农村地区小农户在与城市地区大型企业的信贷资金竞争中处于劣势。通常认为这种劣势来源于小农户相对较低的投资回报率,但实际情况并不支持这种猜测。与大企业百强净资产收益率为20%左右相比,小农户的年投资收益率普遍超过50%,这意味着信贷资金投放给小农户可以索取更高的利率。互联网金融针对这部分群体通常获取高达20%左右的年化贷款利率,② 这部分验证了农村地区小农户与城市企业相比具有更高盈利能力的观点。在马克思主义政治经济学中对这一现象有过充分的论证。与大企业相比,小农户使用的不变资

---

① 中国人民银行:《2019年金融机构人民币贷款余额153.11万亿元 同比增12.3%》,中国产业经济信息网,2020年2月9日,http://www.cinic.org.cn/xw/tjsj/717379.html。

② 大型企业平均年度投资收益率来源于中国上市公司业绩评价课题组:《2019中国上市公司业绩评价报告》,中国发展出版社,2019。小农户种粮平均年度投资收益率来源于《小麦量增质优种植收益明显提高——2019年河南小麦成本收益调查分析》,河南省统计局官网,2019年7月29日,http://tjj.henan.gov.cn/2019/07-29/1371397.html。互联网金融贷款利率来源于支付宝和微信平台等的公开数据。

本少，资本有机构成低，这从根本上决定了小农户投资具有更强的收益率。

理论上讲，农户生产更多是劳动密集型，机械化程度低。这意味着在我国城乡发展还存在较大差距的背景下，同样的信贷资金使用到城乡两地，会系统性地出现投资回报率的偏差。城市大中型企业资本有机构成更高，单位投资可使用的劳动量低于农村地区，最终形成的年利润率会普遍低于农村地区。金融机构可从农村客户索取更高的贷款利率，若其他因素不变，把有限的信贷资金投放到农村显然更符合经济理性的要求。但是，现实中信贷资金的投放领域刚好相反，一定是因为这些其他因素的作用合力超越了利率的影响。贷款利率决定了金融机构投放信贷资金的收益情况，其他因素决定着这笔投资的成本，将收益与成本进行比较可得到利润指标，最终决定着信贷资金的流向。在可接受的最高贷款利率指标上，农村客户具有比较优势，但其他因素导致了其成本劣势。与城市客户相比，农村客户的单笔贷款需求总额很小，通常在数万元到数十万元左右，用于购置农用机械、农药、种子、物流用途车辆或新建小型养殖场等。金融机构的每笔贷款均需要通过严格烦琐的内部流程，这意味着同样金额的贷款在农村地区需要被分解为更多笔单独的贷款流程，需雇用更多工作人员才可满足相应需要，分解到每单位贷款资金上的成本支出更为高昂。与城市客户集聚在狭小地理空间上不同，农村客户的空间分布更为分散，每单个金融机构可以服务的客户数量小于城市地区。

多数研究者均认同这样的观点，小额度贷款项目从雇员工资和网点建设两方面增加了金融机构在农村地区投放贷款的成本支出，最终高成本彻底湮灭了农村客户在最高利率上的优势，导致金融机构出于商业利益的考虑主动把信贷资金更多投放到城市地区。但这种推测忽视了两个重要现象：其一，农村地区的金融机构雇员工资要显著低于城市地区；其二，农村金融机构理论上可减少网点，降低成本支出。如果金融机构只在县政府所在地设立经营网点，在信息充分条件下，并不会流失潜在客户群。而且，在信息充分条件下，金融机构的贷款流程可进一步优化，压缩后的流程设计可节约雇员成本。因此，成本增加的假说并不能完整解释金融机构偏爱城市客户、主动抑制农村客户的信贷现象。城乡贷款差异比较如表4-1所示。

表4-1 城乡贷款差异比较

地区	单位投资年利润率	单笔贷款额度	单位资金贷款成本	单位资金贷款收益
农村	较高	较少	较大	较大
城市	较低	较大	较少	较少

2. 弱化的事前信息不对称和强化的事后信息不对称：农村信用社贷款选择

农村信用社针对农村客户的信贷服务上存在金融排斥现象，采用标准的商业银行贷款流程，绝大多数贷款项目采用抵押担保贷款技术。

农村借贷双方之间存在严重的信息不对称。农村客户贷款用途相对稳定，集中在购置农用机械、物流车辆以及新建小型养殖场等领域。这有利于金融机构识别潜在的事前信息不对称。通过专业化的调研和投资项目研究，事前的信息不对称较容易破解，即使小型养殖场等项目市场风险较大，但由于比较高的劳动使用率和年投资回报率，这类项目可承受更高的贷款利率，从而覆盖金融机构的投资风险。通常意义上，农村项目的高风险特征抑制贷款供给的观点缺乏理论支持。种植、养殖和小型运输等这类农村地区的主要贷款遴选项目，即使存在较大市场不确定性和投资失败风险，项目本身具有高利润率特征也可以满足金融机构贷款要求。因此，现实中存在的投资缺失并非源于这类项目的高风险。

另外，农村客户贷款项目风险与客户贷款需求之间存在一定的负相关关系。种植大户、养殖大户与小户相比具有更强的经营能力和更小的市场风险。随着经营规模的扩大，农村大户的市场风险识别能力会得到提高。农村种植业和养殖业的小户经营者通常对市场信息的识别能力较弱，在经营规模逐步扩大的过程中，小户经营者的市场意识和市场信息辨别能力会得到显著提高，更接近于舒尔茨意义上的"理性小农"。我国多数县级政府出台的年度产业政策中均强调对地区重点企业的支持，涉及财政补贴、税收减免、土地使用、产品营销推广等诸多方面。这些措施客观上降低了相应主体的投资风险。但是，对于普通农户或农业经营户而言，农村地区客户地理分布散乱，更容易低成本地隐蔽事后信息，金融机构有效监督这类客户行为的成本极高。另外，农村地区法治方面的缺失加大了事后的处罚成本。因此，大部分普通农村客户由于不能提供足够的抵押品和担保品而较难及时获得信贷。

3. 抵押品与农村信用合作社的呆账

我国农村信用合作社严重的呆账坏账与客户抵押品缺失之间存在关联。理论上，农村信用社资产属于全体信用社成员共同所有，但单个成员在现实中不具备审核信用社管理者行为的权利，管理者与成员之间存在委托代理成本，信用社管理者行为更多被政府机关行政体系监控，必然存在多层级委托代理关系，导致农村信用社管理者的贷款决策缺乏个体与集体的利益协调保障机制，管理者的寻租问题严重。现实中，我国农村信用合作社存在严重的呆账坏账问题，所涉及的抵押品担保品无法足额保障贷款本身的安全性。

我们在河南省某县的田野调研中发现，存在一种较为普遍的贷款现象，即贷款申请人通常熟悉农村信用合作社的贷款流程，与贷款批准人关系密切。农村信用合作社要求申请人提供一定数量和质量的抵押品，但对其特征的审核存在较强的主观性，抵押品是否符合贷款要求很大程度上由信用合作社的地方管理人进行判断。贷款发放后，对贷款的使用和回收具有较大的主观随意性，一旦无法收回，前期提供的抵押品通常无法保证贷款资金的安全，抵押品的这种损失通常被认定为市场价值的随机波动或损耗。这里的抵押品只具有软约束的功能，无法在事后提供贷款的安全保障。

4. 抵押品缺失下的新型农村金融

自 2006 年开始，我国展开了大规模的新型农村金融组织建设，主要包括村镇银行、小贷公司和资金互助合作社等内容，并在财政补贴、税收支持等多方面给予优惠，期望借助新型农村金融组织破解长期存在于"三农"群体中的贷款难问题（秦汉锋，2009）。经过 14 年来的发展，这类组织数量、贷款余额逐年递增，但同时农村地区的信贷配给问题似乎仍没有得到显著改善。与传统商业银行类似，村镇银行、小贷公司也更偏爱城市客户和大客户，被寄予厚望的信用贷款并没有得到大规模推行，缺乏合格抵押品和担保品的农村客户依然面临严重的金融抑制难题。

在村镇银行、小贷公司和资金互助合作社三类组织中，政策支持力度最大的村镇银行发展速度远远落后于小贷公司。中国银监会 2019 年统计数据显示，2018 年末我国村镇银行 1616 家，比 2017 年增加 54 家，同期小贷公司发展到 8133 家，比 2017 年减少 418 家。[①] 近几年来，小贷公司总数量仍显著大于村镇银行，这两类金融机构在贷款技术上有系统性差异。因此，如果农村客户可以提供具备硬约束功能的抵押品，那么事后信息不对称导致的信贷配给难题就可以被破解，如果农村项目集中在少数劳动密集型行业中，那么事前信息不对称和事后信息不对称现象都将无法阻止信贷资金向该地区流动。

5. 抵押品与小组联保技术

小组联保技术被认为是破解抵押品不足的有效贷款技术，这种技术在孟加拉国获得成功后被推广到其他地区，我国也在 2006 年前后引入推广。自愿组成的贷款小组共同承担还款义务，可以缓解和克服事后信息不对称导致的金融排斥。借助熟人社会中的关系型契约对贷款人到期违约施加处罚，以实现降低该成员借款后的道德风险的目的。但小组贷款技术引进我国后，并没有得到大规模应用。印度就爆发了小额信贷危机事件，小组贷款技术有其内在缺陷。在违约收益固定的条件下，小组

[①] 中国银行业协会：《中银协：2018 年末全国村镇银行已开业 1616 家 覆盖七成县域》，证券时报网，2019 年 3 月 27 日，http://kuaixun.stcn.com/2019/0327/14957948.shtml。

贷款中的违约率与贷款人的可被处罚财产负相关，增加贷款人的财产余额可以降低小组贷款中的违约率。因此，小组贷款技术的成功率与贷款人的财产余额存在正相关关系，团队成员更低的财产余额会降低小组贷款技术成功的可能性。但随着贷款个体财产余额的增加，可用于接受抵押担保贷款的能力也会增强，与小组贷款相比，可获得更多贷款资金，这会降低小组贷款的吸引力和可行性。

二 农地确权对农村地区金融交易的促进

农地确权促使源于财产稀缺的金融排斥随着农户可抵押财产的增加得到缓解，缓解幅度在农户收入增加后可形成累积性的乘数效应，并反过来持续性地扩大农户的可抵押财产，进而更大幅度地消解原有的信贷约束规模。

1. 提升农户的抵押担保贷款能力

从第三章可知，我国农村居民收入持续大幅度落后于城镇居民收入。较低的收入水平限制了农民在传统商业银行中的贷款能力。农民收入长期处于较低水平，无法有效形成足够的抵押品和担保品，这是金融机构长期以来"嫌贫爱富"的内在资本逻辑。农村居民比城镇居民有着更频繁的生产性借贷需求，这些借贷需求具有数额相对较小、频率较高的特点。农村信用合作社就目前实践层面看，更多地起到了收拢农村地区储蓄资金输出到城市地区以实现获取更高资产收益的目的的作用。其中，农村地区贷款申请人缺乏足够的抵押品和担保品是重要原因。农地确权全面正式实施后，以政府公信力为后盾，以法定证书为物化形式，明确农民对农村土地承包权、使用权、收益权等权利束，极大地提升了农民的抵押担保贷款能力，增加了贷款机会。国家粮食安全战略从顶层设计角度限制了耕地的非农化。大量进城安家的农民有动力退让出家乡闲置的宅基地。农地确权不仅对大量农村耕地进行清晰界定，为农民以地融资提供机会并强化其能力，还可加速退出宅基地这一进程。

农地确权使土地权利束物化后，相关权利内容边界被以正式制度的方式确定下来，得到政府公权力保障，契约的实际控制者依靠事后信息不确定侵吞弱势群体利益的能力被极大减弱。农村土地权利的文本式物化，通过降低交易的不确定性，抑制实际控制者对权利主体利益的侵害，从而客观上提升了这组权利的市场价值。

农地确权提高了农村居民的法治意识、权利意识和贷款能力。我们在对河南省某村庄的访谈中发现，多数居民认为只有找关系才容易从信用合作社和其他金融机构获得贷款，事实上很少有农村居民试图直接通过金融机构获取贷款，多数居民认为需要与金融机构工作人员取得私人联系。

农地确权证书以物化形式对包括借贷交易在内的多数农村交易都会产生综合效应。确权前虽然理论上农民本身也有这些权利，在实践中这些权利也得到了一定的保护，但各种侵权事件时有发生，农民也无法将口头的、非正式化的权利公约提供给金融机构，非正式的权利不能满足金融机构对公开正式信息的审核要求。农地权益实现"确实权、颁铁证"的权利证书化后，在程序上满足了金融机构的贷款审核流程要求，农民申请抵押担保型贷款能力得到有力提升。

2. 提高了农户的违约成本

农地确权后以确权证书作为潜在的借款抵押品和担保品（实际是一定时期内的农地经营的使用权利或直接占有、使用的权利），对收入较低的群体而言，具有巨大的经济价值。农村土地承包经营权对于低收入农民而言，不单具有经济收入功能，同时还具备强烈的最低生活保障功能和养老功能。农地权利束在村集体内部和外部截然不同的经济价值制造了一种商业机会，金融机构可以利用这种差距以较低成本获取具有威慑力的抵押品，农村居民在与金融机构签订借款合同后，其行为会在这种威慑力的作用下，趋向于谨慎、合规和可预测。无论是作为抵押品和担保品以显性形式加入农户与金融机构的借款合同中，还是只作为违约后被处罚的客体对象以隐性形式参与合作金融，农地确权后形成的权利束证书都可以有效化解事后信息不对称造成的道德风险问题。

3. 提高农民收入获取能力，间接提升合作金融能力

农地确权后，相关权利束的外化和正式化提升了农民的稳定性预期，促进各类经济合作组织的发展，如土地银行等，可促进村集体土地的规模化使用，进而提高相关农民的收入水平，从多个方面提高农村合作金融的发展效率。

（1）更高收入强化农民的理性小农性质，从只关注温饱生计演化为对更高生活目标的追求，这本身会衍生出大量的金融需求。传统农村社会中"小富即安"思想比较浓厚，一旦收入提升到一定水平，更高收入和更多金融需求出现，虽然短期内可能有更为严重的贷款难题，但理性和收入的提升会提高农村居民应对贷款难题的能力，更普遍意义的合作类金融机构会迎来更有价值的市场机遇。

（2）更高收入可有效提升合作金融中团队成员的筛选能力。还款能力与还款意愿都与收入之间存在相关性。农民收入水平与其经营能力正相关，农地确权释放出的经营红利会直接或间接地转换为部分经营能力突出的村民的收入。获得高收入的个体能力就成为合作金融组织鉴别合格成员的有效指标。同时，高收入属性沉淀出的农民私人财产也成为处罚违约者的潜在选项。

（3）更高收入有助于提升农村贷款项目的成功率。从宏观上看，更高收入的多期叠加消费效应，有助于地区总需求的提高。短期内，随收入而增加的总需求通过加速作用与投资，扩大项目投资的市场需求量，进而形成良好的互动机制。农村居民收入增加后，对当地的各项投资起到刺激作用，包括农村地区的各类中小型养殖场、私人交通运输业。

（4）农民收入增加有助于提升合作金融的资金供给能力。合作金融可贷资金主要依赖各成员的内部储蓄，储蓄额等于可支配收入与储蓄率的乘积。金融合作社成员收入提高后，存到合作社的资金总额相应增加，可用于投放的贷款资金也随之增加。更有意义的是，农村合作金融可贷资金的增加会进一步提升合作社成员收入。通过减少生产过程中的资金约束，农村合作金融有助于农业产出和非农产业产出的增加和劳动效率的提升，最终对农民收入增加起到正向作用。

第二节　农地确权对农村合作社发展的正向刺激

　　合作社与农业大户的一个重要区别在于要在多人间缔结长期契约，易出现个别成员对弱势成员利益的侵蚀，农地确权通过对农村地区法治建设的推进共同促进农村合作经营组织的形成和发展。农地确权是对农民土地权利的进一步明确坚定的法律认可，给农民提供更高的土地拥有感，带来农民对土地长期投资的预期和土地权利收益的稳定预期，这都有利于激励建立在土地充分利用基础上的农业经营合作，促进新时代基于自愿、共赢、共担风险的各类农村合作社的产生及蓬勃发展。

一　农地确权前的农村合作社发展

　　国家统计局公布的数据显示，截至 2016 年末，我国共存续农村合作社 91 万个，其中，东部地区 32 万个，中部地区 27 万个，西部地区 22 万个，东北地区 10 万个；全国共有农业经营户 20743 万户，其中，东部地区 6479 万户，中部 6427 万户，西部 6647 万户，东北 1190 万户。由此可得，全国农业经营户每户平均参与农村合作社 0.0044 个，东部地区 0.0049 个，中部地区 0.0042 个，西部地区 0.0033 个，东北地区 0.0084 个；全国平均每个农村合作社覆盖农业经营户 228 户，东部地区 202 户，中部地区 238 户，西部地区 302 户，东北地区 119 户。国家统计局公布的中国统计年鉴和统计公报数据显示，2016 年与 2018 年东部地区农民平均可支配收入分别为 15498.3 元和 18285.7 元，中部地区分别为 11794.3 元和 13954.1 元，西部地区分别为 9918.4 元和 11831.4 元，东北地区分别为 12274.6 元和 14080.4 元。合作社为社员提供的服务包括农业生产资料的购买，农产品的销售、加工、交通运输服务、良种引进与技术培训，还涉及观光农业、生态农业等多种新型业态。从横截面数据看，我国农民收入与每户参与农村合作社数量间存在正相关性，农村合作社的健康发展显然有利于农民增收、农村产业融合，可以促进农村地区的繁荣发展。

1. 土地合同的稳定性与农业经营规模

改革开放后，农民可选职业包括进城务工、在乡参与非农产业、参加农业企业、成为在乡独立小农、成为农业大户、参加农业合作社等，其中，进城务工、在乡参与非农产业、参加农业企业都有雇员属性，成为在乡独立小农、成为农业大户和参加农业合作社具有农业经营者属性。雇员属性的收入相对稳定，且高于独立小农收入，成为农业大户和参加农业合作社时，收入不稳定，但一般也高于独立小农收入，这导致多数农村劳动力放弃独立小农身份而选择其他职业。农业大户的收入相对而言是最高的，但对个人资本、创业意识和创业能力都有着较高要求，绝大多数农民的职业选择常常是成为雇员或加入农村合作社（见表4-2）。

表4-2 农民的职业可选集

比较项目	成为在乡独立小农	参加农业合作社	成为雇员	成为农业大户
相对收入水平	最低	中间位置	中间位置	最高
收入稳定性	稳定	不稳定	相对稳定	不稳定
能力要求	低	相对较高	低	高

进城务工农民多数集中在建筑业、餐饮业、家政服务业、快递业、家装服务业等对劳动技能要求相对较低、进入知识壁垒较少的行业，这些行业能快速吸纳进城务工农民，但收入水平较低。相对于城镇地区高昂的生活费用、子女教育费用、住宅价格，农民雇员的工资性收入远远不能满足完全城镇化的要求。在地理空间上，农民雇员工资方面的地区性差异进一步削弱了农村地区的发展支撑力，农村青壮年劳动力的外出

和日常消费支出的外流,从劳动力供求两个角度加剧了农村的萎缩。

进城务工农民的增加在短期内加速农村发展资源的减少,同时也提供了农村新生的可能性。大量农村青壮年持续进入城市,在不断减少农村劳动力供给的过程中,也释放了大量土地,客观上导致人均可使用土地数量不断增加。根据河南省统计局的数据,以2018年河南省小麦种植为例,受多种因素影响,2018年河南省小麦种植每亩收益率下降,每亩种植成本为568.4元,每亩产值为939.4元,每亩收益为371元,收益率为65.27%,而2017年每亩收益为439.1元,收益率为80.61%(见表4-3)。在财富中文网于2018年7月10日发布的中国500强排行榜中,华为公司的利润率为8%,阿里巴巴集团控股有限公司的利润率为29.56%,2018年中国500强上市公司中利润率最高的为锦州银行股份有限公司,利润率为47.73%。第三次全国农业普查数据显示,2016年末我国共有乡村人口58973万人、农用地134921千公顷,河南省共有乡村人口4909万人、农用地8111千公顷。折算后,2016年末我国乡村人口人均可使用农用地3.432亩,河南省为2.478亩。根据河南省统计局数据,如果按亩产小麦收益计算,全国乡村人口2017年平均收益为1509.991元,河南省乡村人口2017年平均收益为1088.089元,2018年分别可达到1273.272元和919.338元。年收入远低于同期外出务工人员的月均收入。在每亩产值收益率高于城市地区绝大多数产业的情况下,河南省农业经营户收入低的原因在于人均可使用农地数量太少、农地产出值太低。

表4-3 测算的河南省小麦种植成本和收益情况

年份	小麦种植成本(元)	小麦种植收益(元)	小麦收益率(%)	农民人均土地可使用量(亩)	农民人均种植小麦收入(元)
2017	544.7	439.1	80.61	2.478	1088.089
2018	568.4	371	65.27	2.478	919.338

资料来源:河南省统计局、河南省地调队农产量调查处。

第四章 粮食主产区农地确权的综合效应：定性分析

《2018年农民工监测调查报告》显示，2018年我国农民工总量达到28836万人，主要分布在建筑业、制造业、批发零售业、交通运输业、住宿餐饮业和居民服务业中，月均工资3721元。城乡居民可支配收入差距为2.685倍，如果再考虑到城镇财政对城镇居民在教育、医疗等公共设施上的支持，那么货币化后的城乡居民可支配收入差距更为明显。2019年农民工行业分布与收入水平情况如表4-4所示。

表4-4 2019年农民工行业分布与收入水平

类别	第一产业		第二产业		第三产业	
吸纳农民工比例（%）	0.4		48.6		51.0	
细分行业	建筑业	制造业	批发和零售业	交通运输、仓储和邮政业	住宿和餐饮业	居民服务业
月均收入（元）	4567	3958	3472	4667	3289	3337

资料来源：《2019年农民工监测调查报告》，国家统计局官网，2020年4月30日，http://www.stats.gov.cn/tjsj/zxfb/202004/t20200430_1742724.html。

小农生产与外出务工收入差距和城乡收入差距的存在，持续性地剥离出大量农村劳动力，处于劳动力逐渐抽离的农村经济却随着留守人口人均可使用土地数量的增加出现生机，留守人口可通过租用外出人口的土地使用权获得数倍于往日的收益。在对河南省某村调研中发现，在户均土地使用量小于15亩以前，当地农户基本使用原来的生产工具，没有大规模出现购置农业机械化装备的内在要求。一旦户均土地使用量突破某个数值，大规模使用农业机械才会使农业劳动具有经济价值。这时小农远离了原来状态，但还未成长为农业大户，在土地使用量上演变为中型农户。中型农户面临真正的选择，需在成长为独立经营的农业大户和与其他中型农户联合为农村合作社之间做出决定。在个人理性的引导下，不同农业生产组织形式所具有的成本收益特征决定着中型农户的具体选择。

2. 资产不确定性对农村合作社成长的牵制

随着使用土地面积的增加突破至大户水平附近，河南省界定的农业种植大户的标准基本为耕种面积500亩以上（河南省农业标准化生产示范基地认定标准。中央和省有关部门并没有规定统一的农业大户认定标准，各地市或县在实践中根据本地实际细化制定），机械耕种、机械收割、机械护植、机械灌溉、机械晾晒、大规模的田间管理等成为必需品。这些农业机械单位购买价格高、使用时间密集、折旧率高、资产专用性强，同时还需耗费大量资金修建和维护灌溉水利设施和田间管理用房。我们在河南省某县调研中观察到一组案例，该地农民通过土地流转租用了500亩土地种植西瓜，流转期限为3年，之后自费修建灌溉设施、深水井和田间管理用房等设施，一次性投入30万元，[①] 流转期结束后，田上附属设施被无偿收回。该案例表明，农业大户面临专用性资产最终无法收回的困境。土地流转承包数量达到500亩以上的种植大户面临更多问题。目前，河南省农村基本上实现了机械化耕种、收割的社会化服务，每亩农作物的收割费用为100元左右。种植小户具有的兼业化特点使其可承受这种价格。但对于专业从事粮食种植的农业大户而言，相关的社会化服务成本过高。如果农业种植大户放弃市场化服务，自己购置农业机械需要面对资产专用性带来的风险。

农业经营的大户或准大户按自愿原则发起设立相关合作社，通过共同出资、共同使用的方式降低被违约后的资产损失。假设两个农业大户分别通过土地流转方式租用土地，并投入100万元资金，如果流转方不违约，合同到期后，相关损失为0；如果流转方违约，农业大户损失为100万元。进一步假设，流转方违约概率为50%，两个经营大户可分别独立经营，也可组成合作社共同抵抗风险。只要不是全部合同都同时违约，或者只要不发生系统性风险，那么参加合作社后，可能的损失会小于单独经营时可能的损失。因此，农业经营者在资产专业性可能受到威胁时会自愿组成团体，以农村合作社的形式降低经营风险。

选择加入合作社，意味着农户需让渡自己的部分决策权，对生产什

---

① 数据来源于本课题组的入户访谈调研。

么、如何生产、如何销售等决策问题不再具备完全决定能力。理性农户需在加入合作社带来收益和付出成本之间进行比较，当收益大于成本时选择加入合作社。通常情况下加入合作社后，农民收入能力低于专业大户，但收入波动性下降。假设加入合作社后农民以 100% 的概率获得平均收入 X，如果不选择加入合作社，发展为专业大户则以概率 a 获得收入 Y，预期收入为 aY。如果 $X > aY$，那么农户的理性选择是加入合作社；如果 $X < aY$，农户的理性选择是不加入合作社。概率 a 与农户自身的企业家能力和宏观经济环境有关，收入 Y 与专业大户可能遭受的违约风险有关。

加入合作社的农民失去了重要的经济决策权，以这种损失为机会成本交易来获得相对稳定的经营收入。但这种选择近似于外出务工的工资性收入，因此普通农户加入合作社的动机有可能受到抑制，农村合作社需要面对外出务工机会稀释社员的挑战，这意味着 X 的水平会足够高，接近外出务工的可能收入。专业大户的收入中需要扣除土地流转合同中潜在违约带来的风险损失，这种风险越大，收入 Y 的平均值就会越小，aY 乘积接近甚至小于 X 的概率也就越大。

一旦土地经营规模接近农业大户的标准，农业种植户往往需要从其他村庄的陌生人手中租用土地。一旦突破了熟人经济范畴，事后违约威胁将成为阻碍土地流转的重要因素。农村地区相对滞后的法治环境是滋生事后违约现象的背景。但其隐含的社保功能和养老功能是外出务工农民不愿彻底放弃其相关权利的经济动机。因此，在粮食主产区，存在大量的以非常低廉的价格短期流转手中土地使用权给亲朋好友使用的土地流转现象。但一旦流转到陌生人手中，土地流出方和土地流入方都将面临事后信息不对称导致的道德风险难题，较为普遍的道德风险为土地流出方的事后违约。

农业大户承包到大量陌生人的土地后，土地大规模经营需要投入沉淀资本，包括修建、维护水利设施、修建田间管理建筑、购置大型农用机械等，这些资产一旦形成就只能固定在土地上，不可能随着承包人的离开而转移。这些沉淀资本一旦形成会削弱农业大户在与土地流出方事后谈判中的能力。事实上，大量案例表明，土地流转出去的农户在农业大户完成前期投资后，单方面破坏土地流转合同，以获取这部分沉淀资本或要求修改合同提高流转费用。

二 农地确权对农村合作社发展的推动

1. 加速土地流转，降低合作社的土地使用成本

农业农村部公布的数据显示，2018年末我国依法登记注册的农村合作社达到217.3万家，比2016年末增加了138%，各种专业合作社门类繁多，涉及种植、养殖、农机服务、技术服务、销售等众多子行业，但接近77.1%的合作社经营范围主要集中在种植业上。种植业是土地密集型产业，在我国人均农地偏少的情况下，种植业的产能扩张依赖大规模的土地流转，这需要土地租用人与众多土地承包权所有人签订土地流转合同，但其中存在诸多风险。

农地确权证书，以正式文件形式确认证书拥有者的相关权利，可降低土地流转中潜在的违约风险。传统上，农民对土地使用过程中的地块边界常常采用地垄形式，借助野草堆、树桩、石块等物体识别地块界限。土地流转后，大量原先被刻意保留以用作地块边界标记的野草堆、小面积撂荒地块大规模消失，土地出租人无法准确识别原有用地，增加了农地出租人的回收成本。在缺乏精确地理图文证书的条件下，土地流转合同中无法准确说明土地流转地块的地理标识，更多依赖合同签订双方的口头承诺，以书面形式明确地理标识的土地流转合同很少。口头合同的事后违约风险加剧，这会增加土地流转在陌生人之间进行时的交易成本。

农地确权系列证书可有效抑制土地流转合同中可能存在的事后道德风险问题，这将大幅降低各类合作社租用土地需要付出的总成本，扩大合作社的盈利能力。随着合作社盈利能力的增加，农村劳动力外出务工的机会成本增加，这可能导致部分农村劳动力回流到农村，扩充了农村

合作社的劳动力池。在我们调研的部分乡村里，当地雇用劳动力的每日工资已经接近100元，虽然与城市地区工资率还存在差距，但城乡工资差异已经缩小。农村劳动力外出务工的积极性有所下降。

2. 增加合作社抵押品，提升贷款能力，强化农村金融安全

在市场竞争加剧和金融科技的作用下，各类金融机构下沉到县一级的步伐加快，各类新型农村金融组织也得到较大发展，村镇银行、小贷公司和农村资金互助合作组等金融机构在政府多重政策推动下有序发展。各类农村金融机构依然需要面对的难题为：一方面，农村各类主体急需贷款，信贷市场需要旺盛；另一方面，这类主体普遍缺乏抵押品，一旦出现不能如期履约现象，金融机构通常无法有效追回贷款。农村地区金融机构要求的抵押品的功能主要包括：第一，在贷款不能追回时，拍卖抵押品，以补偿贷款，降低损失；第二，对借款人施加惩罚，促进借款人谨慎使用贷款资金，防止恶意违约倾向。

农地确权"铁证"中的相关权利市场交易价值有限。我国相关政策明确规定，农地各项权利主要集中在集体内部流通，大大降低了相关权利的市场交易价值。金融机构拍卖违约抵押品的可能去向比较固定，农地确权"铁证"无法提供第一种抵押品功能，无法通过拍卖有效弥补金融机构的贷款损失。

相关权利束的社保功能和养老功能却可极大地提升农地确权"铁证"的第二种抵押品功能。作为农民保底的社保和医疗保障，证书中的相关权利束对农民个人具备无法替代的经济社会价值。农地确权证书中包含的这组权利束对贷款人构成极大的威慑作用，一旦贷款项目失败，借款人还款意愿会比原先更为主动。项目投资失败后，借款人的生存危机更为强烈，土地等证书蕴含的养老、社保能力比以往更有价值，从而会促使借款人更主动地还款。

因此，农地确权证书具有更为有效的抵押品功能，对于规范借款人的事后行为、规避恶意违约、促进主动还款都有着巨大的经济价值，金融机构可以依靠这种权利束有效规避信息不对称造成的农村信贷市场上

的逆向选择和道德风险。

3. 促进农村地区法制建设，提升农村合作社的长期投资意愿

目前，我国农村合作社的运行效率主要依赖农村社会中较普遍存在的熟人社会，依靠私人信息签订大量正式和非正式的关系型契约合同。为保证这种契约的安全性，合作社控制人必须提升关系型契约的安全性，强化对违约者进行影响未来关系性契约价值的处罚。合作社运行承担的市场交易费用和内部委托代理问题都对这类关系型契约的安全性提出了较高要求。农地确权后，相关权利的证书化降低了农村合作社的运行成本，农民的经济行为可更多依赖正式制度，原先主要依赖口头承诺的长期交易可得到抑制。我们在调研中观察到，多数土地流转交易没有采用合同方式进行，多采用口头承诺，这虽然降低了熟人间的交易成本，却极大地限制了交易对象，一旦需要与村外的陌生人进行土地流转，口头承诺就失去优势。恰当的制度设计可简化交易流程，降低交易风险，抑制事后的违约倾向，提升农村居民的法律意识和依法交易能力。

农村合作社的有效运行与长期投资还需依赖村干部的行政力量。在实践中，大量农村合作社的法人代表或理事长同时也是该村村支书（村主任）或其他主要干部，农村合作社的实际控制人与村干部权力的结合在一定程度上保障了长期投资的安全，但同时也抑制了合作社的数量扩张和种类扩张，行政力量客观上也抑制了潜在的竞争对手。进一步完善农村法治建设，切割农村合作社控制权与村干部行政权交叉，是提升合作社发展质量的重要方向。

第三节　农地确权与农民收入：以河南省为例

农地确权通过释放农业劳动力和农业用地的集中使用，提高农民的非农收入和务农收入。目前，务农收入主要取决于可使用土地数量，非农收入主要取决于非农工作时长。农地确权促进土地流转，解决进城务

工农民的后顾之忧，从而消解候鸟式的半城镇化现象，增加进城劳动力的非农劳动时间，同时空闲和半空闲土地得到有效集中使用，农业大户和农业经营者实现规模经营，进而提升其收入。

一 河南省农民增收面临的主要问题

1. 河南省农民收入绝对值较低

截至 2018 年末，河南省常住人口 9605 万人，农村人口占比为 48.29%（同期全国平均值为 40.42%，上海地区为 11.9%）。河南省农村居民可支配收入为 13830.7 元/人（同期全国平均值为 14617 元/人，上海地区为 30374.7 元/人）。即便在粮食主产区 13 个省（区）中，河南省城镇化率为 51.71%，是粮食主产区中最低的，而人口总量又是最多的。可见，河南省农村人口较多，收入较低，与国内经济发达地区差距巨大。

2. 河南省农民工资性收入占比低于全国平均水平

《中国统计年鉴（2021）》显示，2020 年，对比在农民可支配收入构成中的工资性收入占比这一数值，河南省为 38.20%，全国平均值为 40.71%，上海市为 60.34%，这说明，河南省农民收入低的重要原因是河南省农民从非农产业获得的收入占比相对较低，反过来讲，河南省农民收入对农业的过度依赖是现阶段河南省农民增收的主要障碍。因此，提高非农产业来源的收入占比是促进河南省农民增收的必要途径（申延平，2017）。

3. 农民劳动生产率的提高是农民收入增加的根源

从根本上来讲，只有提高劳动生产率才可能提高收入水平。农民劳动生产率与劳动人数负相关，与资本数量正相关，这意味着有两条途径可实现农民增收：（1）减少农业劳动人口；（2）增加农业资本数量（黄建水等，2016）。其政策含义为：（1）引导农民从农业生产中流出，进入城市或者从事农村非农产业；（2）增加农业部门的固定资产投资（李幸子、马恒运，2016）。国内外经济理论界和政策研究者对此一直持有一致看法，识别出大量影响因素（田建民、李霞，2016），在政府的政策可以通过何种渠道发挥积极作用等问题上达成共识。一种渠道是推动城镇化（程传兴等，2015），吸引农民离开农村，进入城市，帮助农民就地实现非农化就业，实现农村地区一二三产业的融合发展（耿明斋，2017）；另一种渠道是推动土地流转，实现土地的适度集中，促进农业领域的资本投资（刘荣增，2017）。

4. 粮食安全和其他多重国家战略任务对河南省农民增收途径有限制

目前，综合考虑粮食安全战略、中原经济区建设、中国（河南）自由贸易试验区建设、"一带一路"建设、郑州—卢森堡"空中丝绸之路"建设、郑州航空港经济综合试验区建设等多重战略目标后，有针对性地深入细化研究河南省农民增收这一问题的文献较少，已有研究缺乏严谨的数据支撑和检验。因此，下文依据河南省第三次全国农业普查的具体数据，分析、识别现阶段河南省农民增收面临的主要不利因素，所提政策建议就具有积极的现实意义和实际应用价值。

二 河南省农民增收主渠道

1. 提高城镇化率是增加河南省农民收入的重要途径

（1）离开农业生产的农民越多，最终从事农业生产的农民收入增加就越多。作为国家重要的粮食生产核心区，河南省农用地的使用受到极大限制，不可能大规模变更为工业用地。农村劳动力只有大规模离开农业生产，从事非农经济活动，才能为最终从事农业经济活动特别是从事粮食生产活动的农民创造出大量可使用的土地，增加农业生产劳动者的人均用地量，最终实现增加从事农业生产的劳动者的收入的目的。离开农业生产的农民越多，最终从事农业生产的农民可使用的农用地就越多，这部分农民收入提高的也就越多，他们之间是正相关的。

（2）提高城镇化率是促使农民离开农业生产的重要途径。农民多数经济活动服从经济利益的指引。农民大规模城镇化有利于农民收入的增加。从我国不同区域观察可以发现，城镇化率越高的地方，农民收入也越高。河南省城镇化率低于全国平均水平将近10个百分点,远远低于经济发达地区。因此,现阶段积极提高河南省人口城镇化率是促进河南省农民增收的重要手段。

(3) 农民城镇化成本过高是阻碍农民进城的重要因素。教育、就业、住房、医疗、养老等各种福利制度安排限制了农村人口向城镇的合理集中,导致了河南省城市化水平低于国家平均水平,是造成农业落后、工业实力欠佳的直接原因。城镇无法通过吸收农村劳动力为农业现代化提供支持。农民市民化成本过高还促使农民的最优选择是半市民化。半市民化的农民工对新型工业化的约束主要体现在教育水平影响上,农民工的受教育水平普遍较低,这导致其就业相对集中在劳动密集型产业中,从而容易形成结构性失业。

《2019年农民工监测调查报告》显示,农民工进城后从事第二产业的农民工占48.6%,从事第三产业的农民工占51.0%。其中,从事制造业占27.4%、建筑业占18.7%、居民服务修理和其他服务业占12.3%、批发和零售业占12.0%、住宿和餐饮业占6.9%。而从事需要较高文化和较丰富经验的文化教育、公共管理、技术服务等行业的农民工占比很小。因此,农民工只能获得较低水平的收入。若所在城市生活成本过高,农民工只能短期流入,不太可能出现大规模农民放弃土地永久留在城市的情况,也不易有土地大规模集中到留守农民或新型职业农民手中的情况。新型城镇化在本质上要求实现城乡统筹发展。

(4) 多方施策创造就业机会吸纳新市民,推进城镇化进程。河南省经济总量连续多年位居全国第五,是农业大省,也是重要的工业、服务业大省,但存在大而不强的缺陷,亟待提高城镇化比率与质量。河南省应在产业规划、就业培训等多方面制定应对计划,积极吸纳新市民。①通过政府财税等手段推动服务业发展,大规模吸收农民工。如配送、建筑、餐饮、家政服务、交通运输等行业可提供大量工作岗位,短期内不太可能实现智能化,为吸收农民工进城提供就业机会。②针对配送等行业提供公益性就业技能培训,提升农民工就业能力。如政府机构、相关院校可提供专业性就业培训，扩大农民工在相关行业的有效就业能力。③在承接外部产业转入时发挥河南省劳动资源优势。在符合绿色环保标准前提下，充分运用劳动力数量优势，重点引进劳动密集型产业、企业。

2. 离土不离乡，发展农村非农产业，推进产业融合

离土不离乡，促进农民在本乡本土从事非农工作，是实现农民收入增加的有效途径。在农民进城成本短期内居高不下的情况下，发展农村非农产业意义重大。

（1）大力发展农产品深加工产业。河南省是粮食大省、农产品大省，农产品加工产业产值已达到万亿元级别，但不是粮食强省、农产品强省，在农产品深加工产业链条上处于低端位置。河南省农村地区发展农产品深加工产业可有效吸收农业剩余劳动力、增加农民收入、改善河南省对外贸易条件。

①坚持市场发挥决定性作用、政府发挥服务型功能。在发展农产品加工业的过程中，其中很大部分具有公共产品属性，如新建道路、培育人力资本和打造区域品牌等。地方政府应完善公共产品、降低企业运输成本和营销成本，企业运营空间和运营绩效都可大幅提升。②促进双汇等名优品牌做大做强。双汇等名优农产品深加工企业吸收了大量农民工就业，实现农民离土不离乡。大型企业发展的外溢作用是农民收入增加的重要依靠，对中小企业也有示范效应。③扶持中小型农产品深加工企业的发展。河南省政府通过税收减免、财政补贴等方式降低企业发展成本和区域市场占有率，促进其向大型企业转变。河南省农产品深加工企业面临国际巨头和国内沿海发达地区大型企业的激烈竞争，单纯依靠市场力量只能加剧市场份额的自我强化和集中，不利于河南省企业的发展，政府财税手段的合理使用可以促进该类型企业稳步成长。

（2）借助"互联网+"，发展农村电商。目前，河南省设有电子商务配送站点的村占比超过了20%，有近2500个农业经营户和近2000个农业经营单位通过电子商务方式销售产品。① ①与京东、淘宝等全国知名电商平台合作，打造河南省农产品馆。国内电商平台的地方农产品馆已有成效，但河南省农产品馆并不突出，知名农产品相对较少。重点推出河南省农产品展位，打造知名产品品牌。②与易购、阿里巴巴等跨境电商平台合作，打造面向全球的河南省农产品馆。③借助大学生村官等资源，鼓励农民发展为特色产品互联网电商。

（3）大力发展乡村旅游，增加农民收入。河南省乡村旅游的有效供给不足，不能满足省内外的需求，这与河南省丰富的旅游资源不匹配，从另一个角度看，这也是有效增加农民收入的重要渠道。根据《河南省第三次全国农业普查主要数据公报》的数据，可从如下方面进行建设。①建设美丽乡村，提升乡村旅游的软环境。河南省农村仍然有685.77万户农户将柴草作为做饭和取暖的主要能源，占全部农户的34.9%；在主要道路位置设置路灯的村占比只有62.0%，主要道路为水泥路面的村占比只有84.5%。②全面推动农村旱厕改造。河南省农村使用普通旱厕的仍然有1350.39万户，占全部农户的68.8%，无厕所的还有10.18万户，占到0.5%。③加强公共卫生体系建设。只有54.7%的河南省乡村实现了生活垃圾集中处理，只有10.7%的乡村实现生活污水集中处理，只有50%的农户使用经过净化处理的自来水。④全面推进农村危房改造，打造统一靓丽的村容村貌。到普查时仍有16.6%的河南农户居住在砖木结构、竹草结构的住房中。⑤发展休闲农业、休闲旅游和乡村养老产业。政府可通过财政补贴、税收减免等方式扶持农村采摘园、游乐园和养老院建设。现阶段城镇居民出现了大量的周末到农村进行种植、游乐和养老的市场需求，但是相应的有效供给不足。而到普查时河南省全省设有旅游接待的村占比只有2.7%。②

---

① 资料来自河南省第三次全国农业普查和2019年的河南统计年鉴。
② 本节数据资料根据《河南省第三次全国农业普查主要数据公报》（第一号至第五号）的数据整理而得。河南省人民政府：《政府信息公开：普查公报》，河南省人民政府网，2019年12月30日，http://www.henan.gov.cn/zwgk/zfxxgk/fdzdgknr/tjxx/pcgb/。

三 农地确权增加土地流转最优交易量，增加农民收入

土地流转交易对象范围和合同期限受交易安全性影响。农地确权通过降低交易成本，增加了土地流转的规模和合同期限，进而推动农民增收。

1. 河南省农地确权对耕地流转和农民收入的影响

河南省第三次农业普查数据显示，全省耕地流转率平均达10.8%，但组内方差较大，最小值为开封市的3.8%，最大值为固始县的26.3%。在多年的连续博弈后，我们认为已有的土地流转量造成的收入效应已经得到体现，因此，本课题组采集了相关年度河南省收入数据（见表4－5），检验耕地流转率对收入增长率的促进关系。2018年河南省各地土地流转率的描述性统计如表4－6所示。

表4－5　2018年河南省耕地流转率和农民增收率

地区	2018年耕地面积（万亩）	2018年耕地流转面积（亩）	2018年耕地流转率（%）	2017年河南省分地区农民可支配收入（元）	2018年河南省分地区农民可支配收入（元）	收入增长率（%）
郑州市	4140000	495211	12.0	19974	21652	8.4
开封市	5220000	195587	3.8	12126	13193	8.8
洛阳市	6460000	547515	8.5	12511	13637	9.0
平顶山市	3870000	600423	15.5	12222	13298	8.8
安阳市	4110000	330637	8.0	13697	14834	8.3
鹤壁市	1790000	152475	8.5	15326	16659	8.7
新乡市	6060000	485445	8.0	13769	14939	8.5
焦作市	2930000	535421	18.3	16218	17629	8.7
濮阳市	4240000	430408	10.2	11652	12654	8.6
许昌市	5040000	714983	14.2	15591	16963	8.8
漯河市	2850000	623285	21.9	14141	15400	8.9
三门峡市	2640000	167313	6.3	13084	14262	9.0
南阳市	13260000	1374901	10.4	12718	13837	8.8

续表

地区	2018年耕地面积（万亩）	2018年耕地流转面积（亩）	2018年耕地流转率（%）	2017年河南省分地区农民可支配收入（元）	2018年河南省分地区农民可支配收入（元）	收入增长率（%）
商丘市	8560000	482769	5.6	10517	11506	9.4
信阳市	10270000	1744719	17.0	11663	12748	9.3
周口市	11570000	1095462	9.5	10170	11095	9.1
驻马店市	12680000	1313532	10.4	10869	11858	9.1
巩义市	600000	38326	6.4	21164	23069	9.0
兰考县	1030000	86849	8.4	10907	11911	9.2
汝州市	930000	105580	11.4	15460	16882	9.2
滑县	1990000	166862	8.4	10906	11898	9.1
长垣县	1040000	66256	6.4	17779	19557	10.0
邓州市	2530000	281455	11.1	13918	15185	9.1
永城市	2060000	227305	11.0	13196	14423	9.3
固始县	2340000	615111	26.3	12448	13668	9.8
鹿邑县	1270000	104369	8.2	11989	13140	9.6
新蔡县	1510000	139517	9.2	11159	12186	9.2
济源市	690000	121893	17.7	16939	18446	8.9

资料来源：河南省第三次全国农业普查和2019年的河南统计年鉴。

表4-6　2018年河南省各地土地流转率的描述性统计

均值	标准误差	中位数	标准差	方差	峰度	偏度	最小值	最大值	观测值	置信度（95%）
0.112	0.009	0.098	0.512	0.003	1.681	1.318	0.037	0.263	28	0.02

资料来源：河南省第三次全国农业普查和2019年的河南统计年鉴。

2. 土地流转差异与农民收入的相关性

河南省各地土地流转率存在较大差异，客观上留出了检验土地流转对农民收入影响的可能空间。土地流转意味着原本处于闲置或半闲置状态的农业用地得到更高效率的使用，因此，我们推测，随着土地流转率的提升，粮食产量应该表现出正相关关系，土地会得到集中使用，粮食产量会得到提高。

图 4-1 显示河南省各地土地流转率与粮食增长率间存在一定正相关关系。但农民收入与粮食产量之间的关系具有较大不确定性。农民收入的四大来源中，工资性收入占比很大，也正是在追逐工资性收入的动力作用下，大量农民愿以低价甚至免费的形式把土地的使用权流转给他人使用，这意味着在整体上，土地流转率的上升短期内不会大幅提升农民收入。图 4-2 也显示了这种特点，河南省土地流转率的上升在拉动粮食增加的同时，对农民的平均收入影响很小。

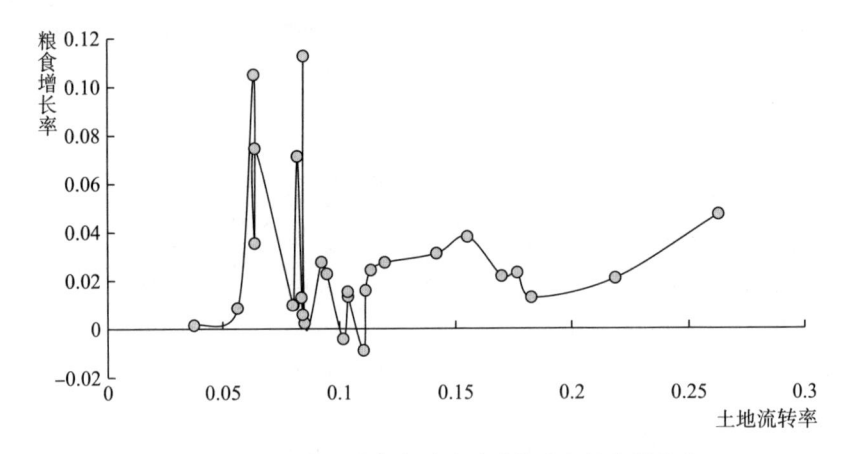

图 4-1　2018 年河南省各地土地流转率与粮食增长率

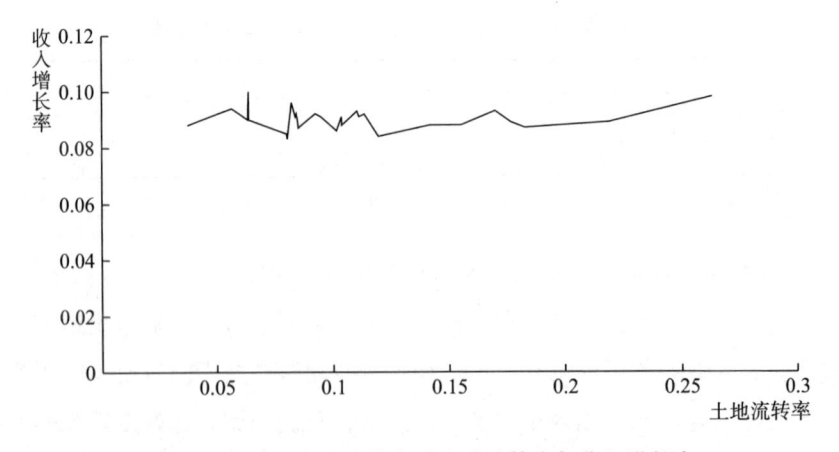

图 4-2　2018 年河南省各地土地流转率与收入增长率

土地流转不会大幅拉高农民整体收入，这意味着单个农民流转出土地使用权的机会成本很低。这促进了土地的小规模集中使用，那么土地流转会显著提升农民耕种土地获得的相关收入。如图4-3所示，伴随土地流转率上升的是经营收入的大幅度波动，这意味着土地流转较显著地改变着农民收入的变化轨迹。

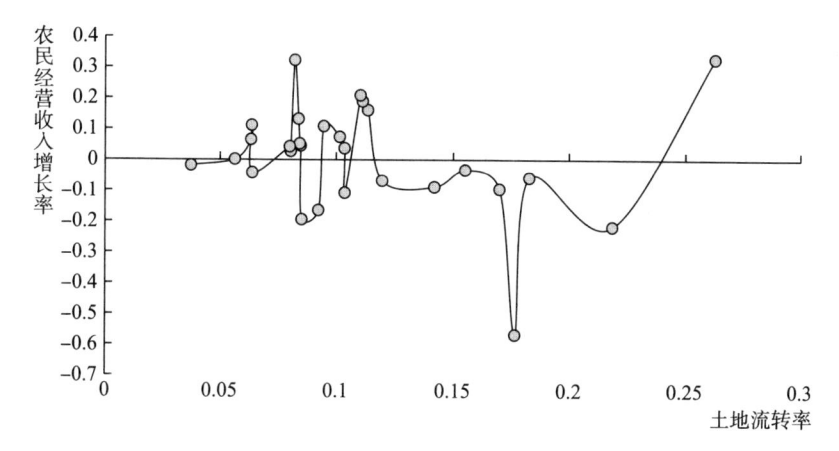

图4-3　2018年河南省各地土地流转率与农民经营收入增长率

数据显示，部分地区的土地流转抑制了该地区土地经营收入的增加，较合理的解释是，这部分土地并没有被投入农业生产领域中，而是通过各种途径进入非农产业中。图4-4显示的相关性为我们的推测提供了证据，土地流转率的提升伴随着部分地区第一产业总产值的下降，土地要素应当是游离出了农业部门。

河南省的统计数据印证了我们的推测，粮食主产区的土地流转从多个渠道影响农民收入的变化。但短期内对转出地的农民收入影响不明显，这正是促使这部分农民愿意流转土地给他人使用的经济原因。对粮食生产的影响取决于土地的非农化使用是否得到有效抑制，农业用地如果始终只能获取较低的投资回报率，长期偏低于社会资本的平均利润水平，那么就无法有效抑制土地的非农化使用。要确保国家粮食安全，保障粮食主产区的粮食供给，粮食生产用地必须得到强化。

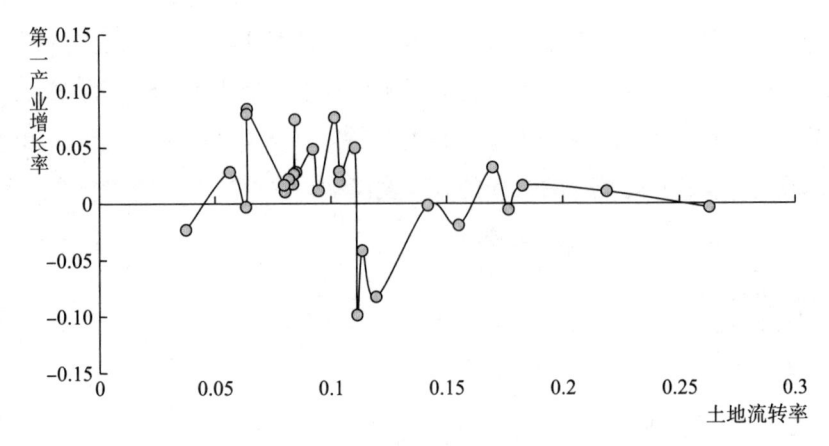

图 4-4　2018 年河南省各地土地流转率与第一产业增长率

第四节　农地确权与新型农业经营主体培育与发展

党的十八大报告明确提出，要坚持和完善农村基本经营制度，依法维护农民土地承包经营权、宅基地使用权、集体收益分配权，发展多种形式规模经营，构建集约化、专业化、组织化、社会化相结合的新型农业经营体系。《农业部办公厅关于印发〈新型职业农民培育试点工作方案〉的通知》中指出，2012 年国家启动了 100 个县的新型职业农民培育试点工作，探索新型职业农民教育培养模式、制定认定办法和建立政策支持体系。2014 年农业部正式启动新型职业农民培育工程；2019 年农业农村部开始实施新型职业农民培育三年提质增效行动；2020 年农业农村部印发《新型农业经营主体和服务主体高质量发展规划（2020~2022 年）》，立体式复合型现代农业经营体系正在加快构建，各类新型农业经营主体和服务主体不断创新模式。培育经营主体的实质就是向农民进行人力资本投资。

一　新型农业经营主体的政策体系

我国农业从业主体，从组织形态上看，主要有家庭农场、专业大户、合作社、龙头企业,还有一些社会化服务组织;从个体形态看,就是培育新型职业农民(张天佐,2018)。本课题组对党的十八大以来的新型农业经营主体的相关论述进行整理,呈现如下特点。

首先,新型农业经营体系是打造新型农业经营主体和推进农村产权制度改革的总体背景,新型农业经营体系是发展现代农业的基础。

其次,农村产权制度改革、新型农业经营主体培育作为发展现代农业的两个重要抓手,相辅相成,相互促进。一方面,农村产权制度改革有助于激发市场活力,促进资源变资产,促进农地有序流动,扩大相关新型职业农民的经营规模;另一方面,激发了新型职业农民的积极性,有助于新型经营主体的培养。

最后,国家结合我国农业发展的现状和特点,从试点到全面推进,再到打造示范家庭农场、示范产业园、示范农民合作社,凸显了农地确权、农地流转和新型农业经营主体培育工作的连续性。

另外,分析《新型职业农民培育试点工作方案》、《全国新型职业农民培育条件能力建设规划(2016~2020年)》、"现代青年农场主培养计划"、"全国新型职业农民培育三年提质增效行动"和《新型农业经营主体和服务主体高质量发展规划(2020~2022年)》等相关文件和举措计划可知,国家从整体上推进新型经营主体队伍建设,且从经营主体扩展到服务主体,从零散支持新型经营主体到系统化、全方位支持,体系越来越完善,对象越来越清晰。

二 新型农业经营主体培育的需求与供给

随着工业化、城镇化的深入推进,农村大量劳动力转移进城,2017年底已有2.87亿农民到城镇务工,未来20年还将有5亿左右农村人口实现市民化,占农村总人口的70%以上,大量农民离土离乡进城就业,农村缺人手、少人才、老龄化现象会越来越突出(张天佐,2018)。只有加快打造一支爱农业、懂技术、善经营的新型职业农民队伍,现代农业发展和乡村振兴才能有新天地。

此外，农业农村部的固定观察点数据显示，我国务农一线的劳动力平均年龄约为 53 岁，其中 60 岁以上的务农劳动力占 1/4（孙庆玲，2018）。"再过 10 年、15 年，我们这一批劳动力实际上干不动了，或者都不存在了。我们现在的农二代、农三代青壮年农民，普遍不愿务农，不懂务农。"通过新蔡县、平舆县一带调研数据可知，情况基本如此。但农村也出现了更多兼业农民，即一方面重点做养殖，同时也外出打工或在本地从事其他活动，比如当村干部、搞农资销售等。

尽管国家出台了一系列扶持新型农业经营主体的政策措施，在对象识别、经费保障、体系构建、培育主体、相关保障等方面的培养教育起到非常重要的作用。但从现有情况看，仍存在新型农业经营主体培育的需求与供给体系不系统，机制不灵活、不完善等问题，尤其是仍有区域存在发展不平衡、政策落实不到位等情况。

三　农地确权和流转对新型农业经营主体培育的影响实证分析

河南省是全国粮食主产区和生猪饲养大省，课题组重点对河南省的新蔡县、浚县和杞县三县进行调研。由于在杞县调研时回收的有效调查问卷相对较少，因此，下面主要分别针对新蔡县、浚县两县的调查数据进行分析。

1. 河南省新型农业经营主体现状

一方面，农业生产单位规模小。根据《河南统计年鉴2021》，截至 2020 年底，河南省全省户籍人口 11526 万人，城镇化率为 55.43%，农村人口为 5137.14 万人，其中乡村从业人员 2293 万人，农、林、牧、渔业就业人数为 2277.42 万人。若按 2022 年 2 月公布的《河南省第三次全国国土调查主要数据公报》，以 2019 年 12 月 31 日为标准时点汇总数据，河南省全省耕地面积为 751.41 万公顷（合 11271.10 万亩），按照河南省统计局发布的第七次全国人口普查中关于河南省家庭户状况的数据计算，即乡村平均家庭户规模为 2.84 人/户，农村户均耕地只有

第四章 粮食主产区农地确权的综合效应：定性分析

6.23亩，农村人口人均耕地面积仅为2.194亩。另一方面，河南省农业从业者分化加剧，传统农户在减少，新型农业经营主体（专业大户、家庭农场、农民合作社、农业产业化龙头企业）不断增加。

2. 新蔡县调研数据分析

新蔡县政府工作数据显示，截至2017年3月，全县新增省级龙头企业1家，累计达到6家；新增各类农民合作社490个，累计达到2030个；新增家庭农场1家，累计达到35家。"全县农民专业合作社2598个，其中，国家级示范社4个、省级示范社5个；家庭农场79家，种养大户1200户；各类新型农业经营主体带动农户14.9万户；全县主要农作物耕、种、收综合机械化率达83.9%，农机化服务总收入6亿元"（梁灵芝，2020）。截至2019年1月，新蔡县新增农民专业合作社202个、家庭农场18家，新培育15家县级农业产业化龙头企业（李钊，2019）。

本课题组于2018年8月对该县农地确权、土地流转、农民培训等问题进行调研，采取问卷、访谈、座谈会等形式，发放问卷600多份，其中有效问卷589份。农地确权对农户收入、就业等的影响如表4-7所示。

表4-7 农地确权对农户收入、就业等的影响

单位：人

选择结果	问题一：确权对您家就业的影响？ (1) 更想扩大耕种； (2) 更易外出打工； (3) 想搞养殖业； (4) 无所谓	问题二：确权对您家收入的影响？ (1) 更易流转，增加收入； (2) 扩大投资，增加收入； (3) 继续荒着吧； (4) 没影响	问题三：确权对组成农业合作社的影响？ (1) 更积极容易； (2) 更不易组织； (3) 影响不大； (4) 没影响	问题四：确权后，您家的土地出租价格有无明显变化？ (1) 增加了； (2) 减少了； (3) 影响不大； (4) 没影响	问题五：确权后，是否准备用新证办抵押贷款？ (1) 已办； (2) 不想办； (3) 想办还没办； (4) 没法办
选择(1)的农户	313	304	394	359	166
选择(2)的农户	149	126	33	38	256

续表

选择结果	问题一：确权对您家就业的影响？(1) 更想扩大耕种；(2) 更易外出打工；(3) 想搞养殖业；(4) 无所谓	问题二：确权对您家收入的影响？(1) 更易流转，增加收入；(2) 扩大投资，增加收入；(3) 继续荒着吧；(4) 没影响	问题三：确权对组成农业合作社的影响？(1) 更积极容易；(2) 更不易组织；(3) 影响不大；(4) 没影响	问题四：确权后，您家的土地出租价格有无明显变化？(1) 增加了；(2) 减少了；(3) 影响不大；(4) 没影响	问题五：确权后，是否准备用新证办抵押贷款？(1) 已办；(2) 不想办；(3) 想办还没办；(4) 没法办
选择（3）的农户	15	4	66	72	108
选择（4）的农户	112	155	96	120	59

通过表4-7，我们可以得到如下结论。

（1）通过农地确权登记，有超半数的农户想扩大耕种面积，同时有农户认为农地流转后可更好地外出打工。农民扩大耕种面积，只能靠确权颁证让土地自由流转起来。但同时要突出农民的权利和义务，确保农民生活有最后的保障。

（2）有超半数的农户认为农地流转更容易增加农户收入。但我们认为，增加收入和风险并存，主要原因是农地的保障功能将受到挤压。

（3）绝大多数农户认为，农地确权对农业合作社发展更有利。因为借助农地流转政策，一方面，农户凭借自己持有的农村土地承包经营权证、宅基地证进行流转、收费，无须丈量，减少农地流转环节；另一方面，更有利于合作社吸纳新农地入股。

（4）确权后，农地流转价格明显增加，农民收入普遍增长。这种增长部分来自农地承包权收入、各种农机具补贴，但大多数农户的主要增收来自工资性收入或其他收入。因为农民每年的支出很大，一般农户的农地补贴占整个支出的比重非常小。

（5）确权颁证后，有近半数的农户不希望通过新承包地、宅基地证书办抵押贷款。这与其他调研结果有区别。本课题组认为，一方面，

第四章　粮食主产区农地确权的综合效应：定性分析

因为农户目前找不到好的投资项目，不愿承担风险；另一方面，农民也没能力扩大再生产，这就是小农户生产的制约。小农户与现代农业发展的矛盾产生了谁来种地、如何种地的问题。

3. 浚县调研数据分析

本课题组 2019 年的调研地主要是河南省浚县和杞县，在问卷设计和访谈中，涉及 2017~2019 年的追踪数据。由于在杞县调研时回收的有效调查问卷相对较少，因此，下面主要针对浚县的调查数据进行分析。在浚县调研中，共回收有效问卷 108 份。调查问卷见附录 1。

表 4-8　浚县被调研农户性别情况

单位：人，%

户主性别	人数	占比
男性	87	81
女性	21	19
合计	108	100

从户主性别来看，男性超过八成（见表 4-8）。这说明在广大农村地区，男性仍然具有较优越的社会地位。因为户主对于一个家庭来说，在经济、教育、养老及其他社会事务中起着非常重要的作用。农地流转合同签订、新型经营主体培育，都应当以户主为主要工作对象，提升工作效率。从家庭总人口来看，鹤壁市浚县户均近 6 人，户主平均年龄超过 55 岁，大部分为初中和小学文化。年龄大、文化水平低成为现代农业发展的瓶颈。对于农地制度变革来说，农民的土地承包经营权的年限及其保障程度影响了农民的就业观念和生活方式。

例如，针对调查问卷中的问题 5 "农地确权实施中您家人是否参与"，大部分农户选择了全程参与，但也有不少农户选择"没参与，但等发证"。这反映了当前大部分农民仍比较关注农地产权制度改革，但也有部分农民由于不在家等原因，未能全程参与农地制度改革。对于新型经营主体来说，通过确权登记获得农地使用权非常重要。

而针对问题9"农地确权对您家耕种的影响",大部分农户选择"没变化"。针对问题10"确权对您家土地流转的影响",大多数农户选择了"无变化"。针对问题11"确权对您家就业的影响",大多数农户选择了"无所谓"。总体来看,农地确权对农户的影响不大,反映了政策的渐进性(见表4-9)。

这表明当前农民的收入主要是工资性收入和其他非农收入。农地确权带来的补贴及其他收入对普通农户影响不大。

表4-9 农地确权对农户耕种等的影响情况

统计指标	问题9	问题10	问题11
平均值	2.97	2.47	2.92
标准误差	0.12	0.08	0.12
中位数	4.00	3.00	4.00
众数	4.00	3.00	4.00
标准差	1.21	0.82	1.18
方差	1.47	0.68	1.40
峰度	(1.44)	(0.59)	(1.56)
偏度	(0.51)	(0.65)	(0.36)
区域	3.00	3.00	3.00
最小值	1.00	1.00	1.00
最大值	4.00	4.00	4.00
求和	309	257	298
观测数	104	104	102
最大(1)	4.00	4.00	4.00
最小(1)	1.00	1.00	1.00
置信度(95%)	0	0	0

针对问题12"确权对您家收入的影响",大部分农户选择"没影响"。针对问题13"确权对种植结构的影响",大多数农户选择"没影响"。针对问题14"确权对组成农业合作社的影响",大多数农户选择"没影响"(见表4-10)。

农民收入、农业合作社经营状况都与农民的就业和生活方式有关系。农地确权之所以对家庭收入没影响，是因为普通农户的收入不是以农地收入为主。

表 4-10　农地确权对农户收入等的影响情况

统计指标	问题 12	问题 13	问题 14
平均值	2.95	3.07	2.98
标准误差	0.13	0.12	0.12
中位数	4.00	4.00	4.00
众数	4.00	4.00	4.00
标准差	1.36	1.21	1.27
方差	1.85	1.46	1.61
峰度	(1.55)	(1.04)	(1.22)
偏度	(0.61)	(0.80)	(0.73)
区域	3.00	3.00	3.00
最小值	1.00	1.00	1.00
最大值	4.00	4.00	4.00
求和	301	319	307
观测数	102	104	103
最大（1）	4.00	4.00	4.00
最小（1）	1.00	1.00	1.00
置信度（95%）	0	0	0

针对问题18"确权后，是否准备用新证办抵押贷款"，大部分农户选择"不想办"。针对问题19"确权后，您家是否因此多买新农具或农业机械"，大部分农户选择"没有"（见表4-11）。所以，新型农业经营主体在农村仍然属于少数。

但是，从提高生产效率方面来看，农民原本愿意购置农机具，扩大生产规模，但是，购置农机具需要较大规模资金投入，很多农民由于财力限制、规避风险而不愿贷款，这说明农村金融对普通农民来说不接地气。

表 4-11 农地确权对农户投融资等的影响

统计指标	问题18	问题19
平均值	2.71	2.61
标准误差	0.09	0.10
中位数	2.00	2.00
众数	2.00	2.00
标准差	0.93	1.01
方差	0.87	1.02
峰度	(1.37)	(1.31)
偏度	0.39	0.46
区域	3.00	3.00
最小值	1.00	1.00
最大值	4.00	4.00
求和	282	271
观测数	104	104
最大（1）	4.00	4.00
最小（1）	1.00	1.00
置信度（95%）	0	0

四 农地流转视角下培育新型农业经营主体所面临的问题

从上述分析中不难发现，河南省新型职业农民培育活动在政策基础、典型示范、监督管理等方面有待提高和完善。

1. 政策的可操作性和稳定性不高

国家和省级政府制定了培育新型农业经营主体的政策，建立了培育和扶持政策体系。但从调研数据看，农户大部分收入来自非农收入。农地确权登记颁证后，并没带来农地大规模流转和新型农业经营主体的快速增加。农业耕种的收入贡献度比较低。因此，要提高农民参与的积极性，对于真正热心、关心支持农村改革的农户，要通过适当方式给予补贴。

2. 家庭农场、农民合作示范社的示范功能不强

党的十八大以来，国家从新型农业经营主体试点，到全面的培育教育工程，再到农业示范园区建设，制定了完整的新型农业经营主体培育政策，投入了大量的资金、人力和其他资源。但缺少对这些新型农业经营主体社会关系的关注。实际上，他们中很多都是所谓的"能人"，具有强大的社会关系，通过各种关系套取国家补贴，甚至其中有个别投资者具有干部身份。所以，新型农业经营主体培育的投入效率有待进一步研究。有些涉农投入被地方性利益小团体、强势宗族套取，要严惩、严防这种腐败现象。此外，国家、省市县对新型农业经营主体颁发的证书和奖补资金，也经常会被克扣或挪用，影响新型农业经营主体的积极性，削弱了示范带动效果。

3. 农业现代化未能涵盖与农村和农民的关系

按照新型农业经营主体的概念，很多新型经营主体具有复杂的家庭结构，在各种培育教育政策中，瞄准农户的收入水平和生活水平的提升，持续跟踪新型农业经营主体的成长轨迹。借助政府、学者、市场、社会等手段，持续跟踪新型农业经营主体的成长历程，树立典型，发挥其示范效用。

第五节 农地确权与农业集约化发展和农业生态保护

前述已表明，农地确权有利于保障农地权益、提高土地利用效率、增加农民收入。农业集约化是提升农业生产效率的关键，而我国现实国情是大多数农户在碎片化农地上从事农业生产经营活动。因此，农业现代化必须在此基础上走农业集约化之路。集约化主要指农业生产资源配置效率的提升，因此，农业集约化发展并非一定全部走大规模土地集中生产经营之路。在农地确权过程中，农业集约化发展还要防止和有效治理农业面源污染，扎实推进农业绿色发展，避免走一些发达国家以破坏自然环境为代价的集约化发展模式。

一　土地碎片化的制约

我国目前农业生产效率低的原因有多方面。但从土地资源角度看，农业生产效率不高的重要原因是土地碎片化，这成为大规模农业生产经营的客观障碍。

根据国土资源部、国家统计局、国务院第二次全国土地调查领导小组办公室公布的《关于第二次全国土地调查主要数据成果的公报》中的数据，全国耕地总面积为13538.5万公顷（20.31亿亩），基本农田为10405.3万公顷（15.61亿亩），人均耕地仅为0.101公顷（1.52亩），人均耕地少、耕地质量总体不高。"第三次农业普查数据显示，全国小农户数量占农业经营主体98%以上，小农户从业人员占农业从业人员90%，小农户经营耕地面积占总耕地面积的70%。我国现在的农户有2.3亿户，户均经营规模7.8亩，经营耕地10亩以下的农户有2.1亿户，这是个小规模甚至超小规模的经营格局。"显然，从农业经营规模（即便与小规模农业的日本相比）来看，农业集约化程度与他国相比有较大差距，还有较长的路要走。

本课题组于2018年8月对河南省驻马店市新蔡县佛阁寺镇农村土地碎片化进行了调研。该镇有14个行政村，192个自然村，共有耕地8.5万亩，常住人口5万人左右，人均耕地1.6亩，低于河南省人均耕地面积。同时，该镇还有铁丘山等山区，可见土地碎片化程度严重。这种情况在大多数地区比较普遍，尤其在山区和人均耕地面积少的地区。碎片化土地的最直接影响是边界增多致使土地浪费、降低灌溉水使用效率、浪费时间、带来田间管理的不便、增加地界纠纷、难以推广农业新技术新产品、难以大规模提升农业机械化水平等。相关研究也发现，辛普森多样性指数对单位产量成本具有显著影响，指数每增加1个单位，每单位产量总成本增加19.4%，劳动力成本增加18.22%，化肥成本增加29.2%，物资费用下降11.4%。土地碎片化使得农业各项资源的浪费和低效率呈线性增长趋势（卢华、胡浩，2015）。

二 农业集约化现实障碍的实证研究：农地确权视角

本课题组分别于 2018 年暑假和 2019 年暑假对河南省新蔡县、浚县、杞县等多地乡村进行了农地确权和土地流转调研。根据调研数据，农地集约化流转效率低不仅存在客观原因，也由于存在思想观念和法律观念落后的情况。同时，集约化流转的土地较多是外地务工人员家庭的土地，当经济发展处于滞缓状态和城市就业机会减少时，农民返乡时就可能因为生计问题而要求收回土地。这样的土地流转状态对于集约化经营者来说存在经营年限不确定的风险。我们的调研情况一定程度上也反映了这一点。

1. 思想观念落后影响了土地的流转和集约化

（1）农村市民化程度并不高，主要牵扯医疗以及教育问题。落户要求高、上学难、看病难、买房贵、生活成本高等现实问题是阻碍进城农民市民化的重要原因。经座谈和进村走访可知，新蔡县农地确权工作在 2017 年已经基本完成。对于农户来说，确权后令他们更为放心，可以放心地流转土地或者外出务工，可以放心地增添农具机械。但是，农民的收入并没有因此产生多大变化，大多数家庭的收入增长仍主要依靠外出务工所得。一些乡镇依据土地状况会适当调整种植的农作物品种，变粮食作物为经济作物。整个县的土地流转率较低，但是也存在部分乡镇的土地流转率较高的情况，这是因为这些乡镇的壮年人数较多，可通过土地流转进行大规模种植，实行标准化管理；还有一些乡镇发展新型农业，比如进行林下养殖、种植经济作物进行深加工后出口、根据市场需求种植果树等利润较高的作物等。但是，由于大多数农户的文化程度不高、受传统种植观念影响、农业风险意识薄弱、抗自然灾害等风险能力差，大部分种植粮食作物的农户仅能做到盈亏平衡甚至有些农户收不抵支。

（2）土地流转大都发生在熟人之间，缺乏正式协议。基于土地社保和养老功能的考虑，大部外出务工的农户选择将土地流转给亲朋好友耕种，并收取少量报酬，甚至一些追求规模经济的种植大户所流转的土地也主要流转给亲朋邻里。大多数流转方式以私下协商为主，基本没有签订书面协议，因此，也就没有足够的法律保障。

(3) 少数先进农户的带动效应仍然较小。只有极少部分农户有超前意识，例如，有个别农户从事农产品深加工等。但从整体上看，这部分人较少，对新蔡县的改变及影响不大，带来的经济辐射效应也很小。

2. 短期内较难快速实现土地集约化

(1) 作为农业大县的新蔡县，总体上，农民的粮食种植种类和结构等基本无太大变化，仍以小麦、玉米等粮食作物为主，只有少部分地区会因地制宜，对种植经济作物有所倾斜，但是，并没有影响总体局面。

(2) 没有形成大规模的农业产业，基本都是以一家一户的小型经济为主。在生产上，虽然近年来农民实行机械播种、收割等，但极少部分农户形成规模化、产业化种植且所得利润也不大，成立的农村合作社大多徒有虚名。

(3) 整体来说，第一产业的比重远远高于第二、第三产业比重的总和。其中，第一产业又以种植业为主，少部分乡镇会因地制宜地调整种植结构。

农地确权后，对于大部分农户来说，并没有立即产生实质性变化，大多数农户表示，希望耕种成本更低一些。国家或政府可补贴一部分资金给农户，支持农民进行土地肥沃程度和地力方面的测试，并结合地势地貌等因素最大限度地寻找每一块地"最合适"种植的作物和"最有效"的肥料；乡镇政府可扶持一些有能力、有技术的大户进行大规模土地流转，实现集约化生产，培育"订单经济"。

三 农地确权的权益保障与农业集约化经营

目前，农村土地流转形式大多以转包为主，其他形式还包括转让、互换、出租、入股等。由于农业产业天然的弱势，农业集约化经营者更希望在较短的时间内获得利益和收回成本，所以采取的措施大多是大量采用机械化设备、极少雇用劳动力并施用速效肥,竭力提高产量和收益。近年来,虽然城镇化进程加快,但是粮食主产区农村人口仍占较大比例,推进农业集约化经营首先要平衡好农户利益与农业集约化经营者利益的关系。

1. 农业集约化经营应首先考虑农民的生存利益

农业集约化生产模式的转换在客观上使得以农业为主的地区内部分农业人口的就业变得更为困难,尤其是欠发达地区、缺乏劳动技能的人群。这部分难以就业的人群的生存资本主要是农地承包权。如果能够解决好经营权和承包权之间的矛盾,比如给予农业集约化经营者更多可供选择的机会,同时不忽视农户在一定期限内获得更多经济利益,那么,农业集约化经营将会是很多承包大户的选择。

2. 农业集约化经营应有合适年限

目前,粮食主产区农业人口仍占较大比重,土地细碎化比较严重,除了农业机械化收割程度提高外,农业基本生产方式变化不大。一方面,在面对经济社会不确定性前景时,经营年限也是农户维护自己利益的一个筹码;另一方面,限于生存压力和本地优势,尤其是在集约化经营回报难以及时兑现或不稳定时,农民集体退约和收回土地自己耕作的现象时有发生,这从事实上结束了集约化经营合作。因此,在未来一定时期内,以中短年限稳定经营将是农业集约化经营的典型特征,较长时期的年限将面临较多的经营不确定性。

3. 因地制宜维护农民利益

在大规模资本或企业面前,农民始终处于弱势,应根据情况维护农民利益。例如,那些经过科学测定的土地或进行过很好整理的土地以及连片土地应成为维护农户利益的筹码。在进行谈判或合作中,应兼顾双方利益,坚持"自愿、合法、有偿"原则。

四 农地确权与农业生态保护

1. 农业集约化经营与农业生态保护应实现权益与义务对等

农地确权为农地集约化经营明晰和确认了双方权利的法律界限。由上述分析可知，由于各方面原因，目前农业集约化经营仍以中短期为主，这意味着农业集约化经营者要在单个经营期限内收回经营成本，同时获得一定经济利益。在当前农业技术水平下，使用化肥和农药（或者其他无机肥料）将是主要的现实选择。虽然在土地碎片化时化肥施用量超过集约化经营时化肥施用量，但是，即使是在科学测定的情况下，施用肥料仍将成为主要选择。土地在过度使用化肥、农药的情况下必将呈现非线性退化趋势，农业集约化经营者很难在经营年限内使得所经营土地的生态系统恢复到最初状态，也不可能达到比承包初期更好的生态指标。当农地生态系统下降到一定水平时，生态修复成本就会增加，农业集约化经营者有可能不再修复农地生态，提前解约或者试图降低土地租金，又或者减少农民的其他相关利益。

因此，为了保护农业生态，更为实际的做法是，在对土地生态指标进行测定后，制定农地生态标准，协商选择更有利于农业集约化经营者的经营年限，确保实现权益与义务的对等。

2. 防止集约化经营者掠夺式使用土地

粮食主产区土地分布情况和地形地貌有差异，农村发展水平具有差异化，农户对土地流转的认识也不同。农地确权后，一方面，"确实权、颁铁证"强化了农民的土地权利；另一方面，也有部分农民不愿将土地交给农业集约化经营者，很容易出现农业集约化经营的大片土地与周围零散农户经营相间的状况。集约化土地中的物质会渗透和扩散到呈碎片化分布的农户土地中去。这种状况也会增加碎片化经营农户的生态维护成本。农户虽然在集约化经营期间可获得土地租金等收益，但在协议集约化经营期结束时，农户必将自己承担土地生态可持续性的维护成本。

从全世界农业集约化经营的经验来看，农业集约化并没有使得农业生态系统得到恢复，更多的是负面的影响，如生物数量的减少、部分土地的土质恶化等。相反，小规模化农业生产者对生态系统的维护呈现良好的状态。

3. 立足长远利益考虑农业生态保护和土地权利关系

依靠大规模投入来获取大量回报的农业集约化经营模式是不可持续

的，根据我国国情，所有土地进行集约化生产也是不现实的，实现未来对粮食生产的满足与农业生态系统的协调，甚至实现整个系统的协调发展不仅是一种生产模式的选择，也不仅是农地确权中承包权和经营权的问题，还应从社会协调性（比如物种遗传保护以及物种的丰富性等）、农户就业、粮食生产等方面进行系统性解决。

2019年中央一号文件表示，在2020年确保建成8亿亩高标准农田。农业集约化模式离不开高标准农田。越来越多的研究也表明，土地的历史性使用会对当前和未来的土壤过程产生长期（可能不可逆）的影响。Ewers 等（2013）研究农业集约化经营地区的土壤特性，发现高强度农业地区的土壤特性对周围森林景观渗透性更强。这表明，一方面，我们重点关注农业生产中土地养分与土壤其他物质溢出的累积影响，这些可能会对生物多样性和生态系统功能造成较大影响；另一方面，农地利用的集约化也会存在综合效应和负面反馈效应。

目前，我国农业集约化经营正处于开始发展阶段，如何处理好下一个30年农村集体土地承包经营制健康发展问题？这一问题不仅涉及农业生产、农村发展和农户的利益保障问题，还关系到整个农业生态系统的碳排放、土地生态可持续发展问题。从长远发展看，应避免单纯根据粮食产量进行补贴的方式，也应把农业生态系统相关指标纳入补贴考核的范围，找到农业生产和生态保护的平衡点，制定系统性考核指标和系统性政策。

第六节　农地确权与城乡一体化发展

农地确权目的是稳定和保护农民最基本、最重要的生产资料的权利，实现"赋予农民更多财产权利"，也为农村居民寻找更好的发展机会提供土地制度基础。新型城镇化的最新之处就在于"以人为核心"，即在土地城镇化的同时农村人口顺利城镇化。新型城镇化的最终趋势是实现城乡融合或城乡一体化发展。

一 农地确权是相关制度的启动器

土地制度改革过程也是政府充分认识到现实中农村存在生产或生活困难、认可农民解决困难方式的过程。联产承包责任制之前农村地区生产效率低，粮食产量不足，农民生活困难，农业无法为快速实现工业化提供基础。大规模土地流转之前，农民税费负担重，农民经营土地的经济动力低，土地撂荒现象严重，粮食安全受到威胁。联产承包责任制探索的背景是"中国农民想自己种地"；土地流转探索的背景是"中国农民不想自己种地"。但二者背后体现的都是农业生产低效率运行、农民生活水平有待提高的现实。因此，从整个改革流程看，农民进行土地改革探索，政府认可改革且配套相关制度改革。土地制度改革成为相关制度改革的启动器。

1. 联产承包责任制是相关改革的启动器

1978年，包产到户最初在小范围内被秘密进行探索，最后通过1982年的中央一号文件，包产到户被政府认可。作为相关制度改革的启动器，在此过程中，政府相配套的措施还有其他方面的物质动员与精神动员。[①] 此时通过物质和心理或者精神层面的激励，人民重新投入经济建设大潮中。与土地制度改革配套的动员首先开始于农业领域，农业是社会经济稳定发展的基础，农业稳定了、粮食增产了，经济发展的基础才能牢固（见图4-5）。

---

① 社会动员由美国学者卡尔·多伊奇（Karl Deutsch）提出，他认为社会动员是"社会的、经济的和心理的旧束缚的瓦解，以及人们渐渐适应于新方式的社会化和行为的过程"。孙立平认为广泛的社会动员可以作为改革的助推机制。物质动员可以是各种形式的提高被动员人的收入，例如，1979年国家在农村采取提高农产品收购价、农业生产资料降价、降低农民的贷款利率或积极贷款给农民等手段。精神动员可以是国家或地方政府对大型会议精神或者文件的传达、宣传，经反复强调破除或者解禁人民心中原有的旧理念、思想，树立新的思想理念。

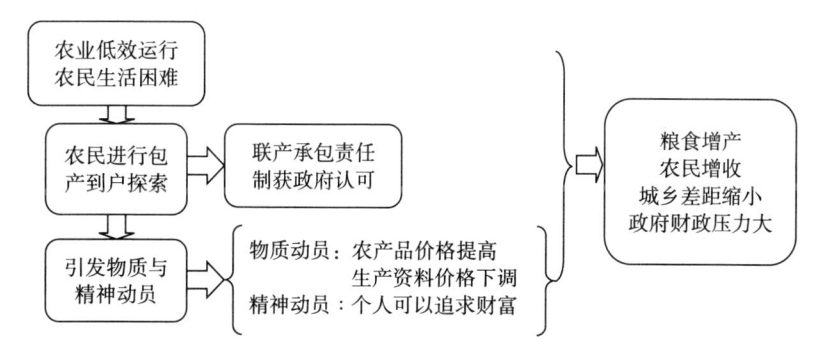

图 4-5 联产承包责任制启动相关制度改革流程

（1）联产承包责任制启动的物质动员

党的十一届三中全会通过的《中共中央关于加快农业发展若干问题的决定（草案）》提出了 25 项农业政策，包括粮食收购价格从 1979 年夏粮上市起提高 20%，超购部分再加价 50%。棉、油、糖、水产、林产收购价格也分别逐步得到提升。降低化肥、农药等农业生产资料的价格。增加对农业的贷款。推行这些农业政策的目的是增加粮食供给，促进农业发展，增加农村、农民的收入。1979~1984 年农民人均收入的增长速度超过 17%，同期城镇居民的人均收入增长速度为 7.9%（邓万春，2006）。不可否认，农村经济的高速增长是物质动员和联产承包责任制（制度变迁）共同作用的结果。

（2）联产承包责任制启动的精神动员

1978 年改革开放前，农村的个人生产、贸易被取消，个人生产、个体贸易成了"资本主义尾巴"，个人的财富欲望是被禁止的。1978 年后，经济体制改革的核心制度是家庭联产承包责任制。国家承认了包产到户的合法地位，农户以家庭为单位进行的个体经营和农村集贸市场是被允许的，个人可合理合法地追求财富。提升生活质量是光荣的、正当的。这场精神动员激励农民放下顾虑，凭借自身的辛勤劳动创造财富。这种精神动员体现在两个方面：第一，这场改革卸下了人们思想的枷锁；第二，激励人们辛勤劳动，努力创造财富。从某种意义上说，联产承包责任制为农村改革的核心制度，它在思想解放和精神激励上的作用丝毫不弱于其在经济上的激励作用，甚至从长远角度看，即使联产承包责任制的经济绩效逐渐被减弱，但它对人们思想的影响一直存在。这是一场自下而上的制度变迁，又是一场起点是农民、政府推动的生产领域的物质激励和精神激励，终点是农民增收、农业增效的改革。

2. 农地流转制度是相关改革的加速器

1992年党的十四大明确了经济体制改革的目标是建立社会主义市场经济。在社会主义市场经济环境下，城乡收入差距和就业机会差异促使农民进城务工获取货币收入。大批农民进城务工导致农业劳动力不足，出现农地撂荒现象。也有部分区域农民进行农地流转探索。随着农地流转和农地撂荒的同时出现，政府承认了土地流转的合法性，逐渐配套相关制度改革，加大对农业、农民的转移支付力度（见图4-6）。

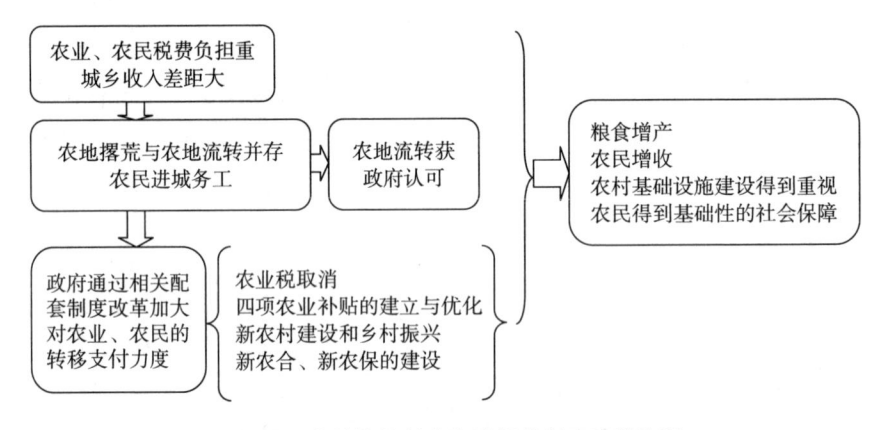

图4-6 土地流转制度启动相关制度改革流程

农地流转在我国改革开放早期土地制度中未被禁止，虽有类似于农地流转的提法，① 但并未明确提出农地流转的具体条文。农地流转探索出现在20世纪90年代初期，主要出现在一些非农产业发达、人地矛盾突出的郊区，出自分工分业的需要，农户之间自发地进行了土地租转。农地流转以互惠互利为前提，对象自找，形式自挑，期限自定，租价自

---

① 1984年的中央一号文件鼓励农地向种田能手集中。1988年的宪法修正案增加了土地可依法转让的条文。

第四章 粮食主产区农地确权的综合效应：定性分析

议（莫建备，1994；江苏省农业现代化试验区领导小组，1994）。随着农地经营比较利益下降，农地流转是实现农地适度规模经营、增加农地投入和效益、解决"小农户"与"大市场"对接实现农业现代化的有效条件。

2001年，中央"18号文件"系统性地提出了土地承包经营权流转政策。2002年，《中华人民共和国农村土地承包法》出台，土地承包经营权流转有了专门的针对性法律，农民的农地流转探索得到政府的正式认可。

（1）农地流转制度启动的物质动员

土地撂荒最大的原因是农业和农民的税费负担重，因此，与土地流转获官方认可相配套的制度改革还包括取消农业税、建立与优化四项农业补贴、加大农业基础设施建设，如新农村建设、乡村振兴和农民基础社会保障制度建立等。农地流转制度改革是相关制度改革的加速器。

①取消农业税。2000年，中共中央、国务院试点探索取消农业税。2006年1月1日在全国范围内免除农业税，大大降低了农民负担，标志着国家重启对农村的物质激励，刺激农业生产，提高农民的可支配收入和生活水平。从另一角度看，取消农业税，国家不复从农村农业中进行资源抽取而是转为给予补助与投入。在经济全球化背景下，要发展农业必须加大对农业要素的投入，重新树立农民对农业的信心，农村要发展就要减少农村的各种社会矛盾和问题。

②建立和优化四项农业补贴。农业补贴是财政对农业部门的转移支付，通过对农业生产流通和贸易环节进行转移支付，调节农产品生产者与其他社会成员之间的利益分配，激发和提高农业生产积极性，增加农民收入。2006年已经建立起四项农业补贴，分别是2002年开始实行的农业良种补贴、2004年开始实行的粮食直补和农机具购置补贴、2006年开始实行的农业生产资料综合补贴。在四项农业补贴政策下，2013年以来我国粮食产量长期稳定在6000亿公斤以上，农民收入持续稳定增长，基本实现了保供给与保增收的政策目标。2020年，政府又根据

情况优化农业补贴，农业进入"三补一调"时代。耕地地力保护、农资综合补贴、良种补贴三项大额补贴于 2016 年开始试点合并形成农业支持保护补贴，经过 2017 年、2018 年落地实施，成果显著。新的"三补"并轨与以前相比，最大的变化是"农地确权后"，依确权地面积发放农业支持保护补贴，同时取消休耕轮作补贴；重点补贴种植者、轮作与种养结合经营者、秸秆综合利用经营者、畜禽粪资源化利用经营者、购置农机的经营者、开展深松整地的经营者、生态畜牧的牧民、开展重金属治理的经营者、残膜回收利用的经营者这九类人；种植"三补"资金、农民基础养老金、农村贫困家庭教育补贴、农机购置补贴这四项补贴直接打到农民银行卡里。

③新农村建设和乡村振兴。2005 年党的十六届四中全会和 2006 年中央一号文件都提出了社会主义新农村建设的发展战略，中央一号文件全面和具体地对社会主义新农村建设进行部署。依靠国家专项资金投入，农村水、电管网、交通、通信等基础设施，金融等公共服务机构逐步补齐。财政支农投入每年呈现增量趋势。2003~2013 年财政投入增长了 6.86 倍。[①] 2017 年 10 月，党的十九大报告中提出乡村振兴战略；2018 年，《中共中央 国务院关于实施乡村振兴战略的意见》发布；2018 年 9 月，中共中央、国务院在总结经验的基础上，准确研判经济社会发展趋势和乡村演变发展态势，印发《乡村振兴战略规划（2018~2022 年）》并做出部署。

④建立农民基础社会保障制度。新农合、新农保出现之前，老农保的补偿低，农村社会保障水平几乎处于空白状态。2002 年农村开始推行新型农村合作医疗制度（新农合），2009 年推行新型农村社会养老保险制度（新农保）。鉴于城乡医疗和养老保障的差异，政府逐渐开始探索城乡医疗和养老保障的整合制度。这是一个从无到有再到整合城乡资源的过程。总体上看，整合城乡医疗和养老资源对地方财力有巨大要

---

① 财政支农数据增长情况根据 2004~2014 年的中国统计年鉴的数据计算得出。

求，一般由经济发达地区率先展开。

（2）农地流转制度启动的精神动员

农地流转引致的精神动员主要表现在国家级会议反复强调建立新型城乡关系。2003年，党的十六届三中全会提出了"统筹城乡发展"的战略思想。2005年，党的十六届五中全会提出建设社会主义新农村并且制定了"多予、少取、放活"的工业反哺农业、城市支持农村的重要方针。2007年，党的十七大报告明确指出我国总体上已进入"以工促农、以城带乡的发展阶段，要统筹城乡发展，建立以工促农、以城带乡长效机制，形成城乡经济社会发展一体化新格局"。2008年，党的十七届三中全会又再次强调"城乡经济社会发展一体化新格局"。

3. 农地确权是城乡管理体制改革的启动器

（1）农地确权在行政管理体制改革中具有基础作用

经济改革在促进城乡收入差距改善方面效果不明显，[①] 2012年后我国改革更加注重行政管理体制和政府职能转换——建立健全城乡一体化发展的体制机制。2013年党的十八届三中全会正式提出"健全城乡发展一体化的体制机制"。党的十八大报告更是具体提出，到2020年要达到"基本公共服务均等化总体实现"的目标。2017年3月，国务院又印发《"十三五"推进基本公共服务均等化规划》，户籍、土地、社会保障领域的管理体制改革成为焦点。

我国农村集体土地所有权不许买卖。联产承包责任制和农地流转制度是较为典型的土地制度改革。两种制度改革有共同之处：第一，明晰了农民的土地权益；第二，提高了土地经营效益；第三，保障了农地耕作面积和粮食安全；第四，提高了农民收入水平。

[①] 2002年农地流转制度被官方认可后，政府作为动员主体虽然进行了一系列物质激励和思想观念的反复重申，农村基础设施、农民的基本公共服务在动员中也逐渐得到改善和提高，税收减免和农业补贴增加了农民收入，激励了农业生产，粮食供给稳定充裕，城乡居民收入差距虽有改善，但改善效果不太明显。2004~2012年城乡人均家庭收入差距比值（城镇为1）分别为0.31、0.31、0.30、0.30、0.30、0.30、0.31、0.32、0.32（根据《中国统计年鉴（2019）》相关数据计算得出）。

2013年，中共中央发布一号文件，明确提出全面开展农村土地承包经营权确权登记颁证工作（即"农地确权"），经5年时间到2018年底全国农地确权颁证工作基本完成。农地确权是联产承包责任制和农地流转制度对产权明晰的进一步强化和显性化。短期内，具有明晰农地产权、提高农地效益、保障粮食安全和提高农民收入的效果；从长远看，农地确权与联产承包责任制和农地流转制度改革一样也是相关制度改革的启动器。政府将改革重心转移到行政管理体制改革轨道上来，并首先选择了基础性的农地确权。[①] 其基础性在于它是城乡土地、户籍、社保管理体制改革的基础，有了它，相关制度改革效果才会得到保证。另外，农地确权效果基本可知、可控。农地确权工作逐步开展后，政府先后启动了户籍制度改革、农民社会保障制度的建立、集体建设用地和征地补偿制度改革（见图4-7）。

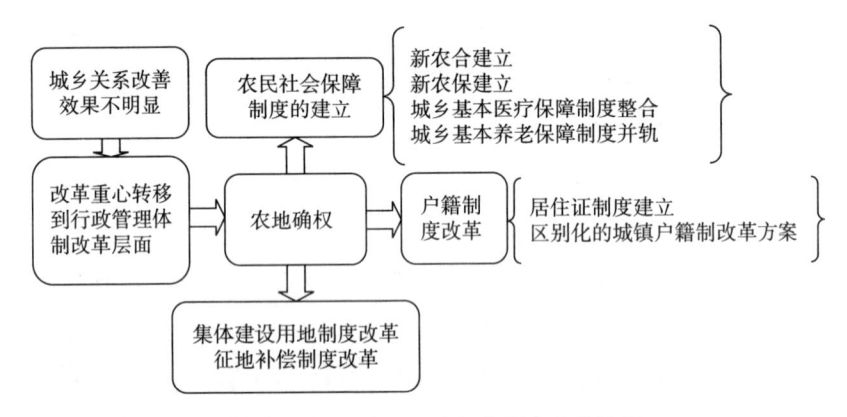

图4-7 农地确权启动相关制度改革流程

[①] 2013年是中国大规模的行政管理体制改革的重要年份。2013年3月10日，在十二届全国人大一次会议上，国务委员兼国务院秘书长马凯做了关于国务院机构改革和职能转变方案的说明；2013年3月14日，十二届全国人大一次会议表决通过了《关于国务院机构改革和职能转变方案的决定》。十二届全国人大一次会议通过的《国务院机构改革和职能转变方案》提出了具体的改革措施包括七项，第六项是加强和改善宏观管理，强化发展规划制订、经济发展趋势研判、制度机制设计、全局性事项统筹管理、体制改革统筹协调等职能，加强社会管理能力建设，创新社会管理方式。从这个角度看，农地确权属于行政管理体制改革的措施之一。

(2) 农地确权启动了相关土地制度改革

①农地确权启动了征地补偿制度改革。虽然2002年和2009年国家先后建立了新农合与新农保，但保障水平有限，为了补偿农民的保障不足，2019年《中华人民共和国土地管理法》（以下简称《土地管理法》）对征地补偿制度进行了修订。原《土地管理法》规定为了公共利益可以征地，并未明确说明公共利益的定义及范围。修订后的《土地管理法》列举了土地征收中公共利益的范围，不符合公共利益范围的退出征地范围，农民利益得到保障。修订后的《土地管理法》将原来征地"批后公告"改为征地"批前公告"，并提出"保障被征地农民原有生活水平不降低、长远生计有保障"的补偿原则，以区片综合地价取代原来的年产值倍数法，在土地补偿费、安置补偿费、地上附着物三项基础上又增加了农村村民住宅补偿和社会保障费，完善了被征地农民的保障体系。

②农地确权启动了农村集体建设用地相关改革。2012年农地确权工作开展后，消除城乡二元化管理体制工作自然被启动。城乡土地管理体制二元化的重要体现之一是建设用地市场权利不对等。2019年《土地管理法》修订前，与城镇国有建设用地的权利设置不同，农村集体建设用地使用权不能入市交易。修订后的《土地管理法》规定，在符合土地利用总体规划、城乡总体规划前提下，集体经营性建设用地可进入市场，与国有建设用地享有同等待遇、同权同价、同等入市，从根本上改变了城乡土地的二元结构，促使集体闲置土地得到合理利用，发挥其最大经济效益。

(3) 农地确权启动了户籍制度改革

城乡二元分割的管理体制的基础是户籍制度的二元化管理。因此，户籍制度是行政管理体制改革的重要一环。在农地确权工作展开后，户籍制度的相关改革也相应启动。

①农地确权启动了差异化城镇户籍制度改革方案，加速推进农民进城落户。我国户口登记制度始于1958年1月，城乡人口分别登记管理

是计划经济下贯彻工业化发展的选择。相对优秀的资源包括就业、医疗、养老、教育、住房等集中在城镇。同时，为减少城镇人口压力，政府对从农村流向城镇这一行为持审慎态度，在不同历史时期户籍制度有差异性变动，这与全国经济总体发展战略、经济发展水平、财力、政策有效性等有关。不同人口级别、潜在基本公共服务需求者数量不同。完全取消城市入户限制的时间表也就不一样。1997年国家试点探索小城镇和县级市户籍制度改革，2001年全面取消小城镇和县级市落户限制。2001年户籍改革强调"可保留承包地的经营权，允许依法有偿转让"，这基本与现在户籍制度理念一致。2011年，国务院办公厅出台推进户籍管理体制改革的新规定：城镇和中小城市入户限制放开。"在设区的市（不含直辖市、副省级市和其他大城市）有合法稳定职业满三年并有合法稳定住所（含租赁），同时按照国家规定参加社会保险达到一定年限的人员""可以在当地申请登记常住户口"。2019年，国家发改委在《2019年新型城镇化建设重点任务》中提出："积极推动已在城镇就业的农业转移人口落户。继续加大户籍制度改革力度，城区常住人口100万~300万的Ⅱ型大城市要全面取消落户限制；城区常住人口300万~500万的Ⅰ型大城市要全面放开放宽落户条件，并全面取消重点群体落户限制。超大特大城市要调整完善积分落户政策，大幅增加落户规模、精简积分项目，确保社保缴纳年限和居住年限分数占主要比例。"2020年国家发改委发布的《2020年新型城镇化建设和城乡融合发展重点任务》进一步要求"推动城镇基本公共服务覆盖未落户常住人口""维护进城落户农民土地承包权、宅基地使用权、集体收益分配权，不得强行要求其转让上述权益或将此作为落户前置条件""推动试验区在健全城乡人口迁徙制度、完善农村产权抵押担保权能、搭建城乡产业协同发展平台等方面先行先试"等。

②农地确权启动了居住证制度改革。随着市场化的深入，户籍制度和社会保障间的直接联系已大部分取消。但城乡差距在几十年发展中已根深蒂固。户籍制度改革重点有两方面：第一，通过户籍制度改革打破

二元户籍界限；第二，通过破除城乡二元户籍制度实现基本公共服务的均等化。居住证正是在此背景下产生的。

2014年7月，《国务院关于进一步推进户籍制度改革的意见》提出，"统一城乡户口登记制度，全面实施居住证制度，稳步推进义务教育、就业服务、基本养老、基本医疗卫生、住房保障等城镇基本公共服务覆盖全部常住人口"，并提出，到2020年，基本建立起依法保障公民权利，以人为核心、科学高效、规范有序的新型户籍制度。2015年10月，国务院通过的《居住证暂行条例（草案）》规定，从2016年1月1日起在全国推行居住证制度，推进城镇基本公共服务和便利向常住人口全覆盖，要求各地积极创造条件，逐步提高居住证持有人享有的公共服务水平，明确了居住证持有人通过积分等方式落户的通道。居住证制度的目的之一是，在无法完全取消户籍限制的城市，为转移人口享受基本公共服务提供依据。

（4）农地确权启动了社会保障制度改革

新农合与新农保制度补偿能力有限、保障力度有限。无论是农村集体建设用地制度改革还是户籍制度改革都有加大对农民的保障力度、打破城乡二元管理体制的目标。城乡社会保障体制整合是农地确权后社会保障制度改革的首要任务。

①农地确权启动了城乡基本医疗保险整合。第一，整合方式。2016年，《国务院关于整合城乡居民基本医疗保险制度的意见》从完善政策入手，整合城镇居民基本医疗保险（城居保）和新型农村合作医疗（新农合）两种制度，逐步在全国范围内建立起统一的城乡居民基本医疗保险制度。从实践看，常见医保制度整合模式有两种：一种是将城居保与新农合整合，称为"两制合一"模式；另一种是将新农合、城居保和城镇职工基本医疗保险制度（城职保）整合，称为"三制合一"。第二，城乡居民基本医疗保险与城职保的资金筹集模式差异。城乡居民基本医疗保险由两部分构成：一部分为各级财政补助；另一部分为个人缴费。这两部分都会随着国家财力和个人收入水平的提高得到同步提

高。第三，三制合一难度大。2012年，我国新农合参保人员人均缴费68.5元，城职保参保人员人均单位缴费2132.6元，个人缴费710.9元（蒋云赟、易芬琳，2014）。即使是2018年城乡居民基本医疗保险标准（财政补助人均不少于490元，个人缴纳220元）与2012年城职保缴费水平相比较，二者差异仍非常明显。城居保和新农合缴费模式相似，两制合一容易推开。三制合一是社会保障制度改革的主方向，对地方政府财力有较高要求。

②农地确权启动了城乡基本养老保险并轨。第一，并轨方式。2014年《国务院关于建立统一的城乡居民基本养老保险制度的意见》决定在全国范围内合并新型农村社会养老保险和城镇居民基本养老保险为全国统一的城乡居民基本养老保险制度。第二，城乡居民基本养老保险和城镇职工社会养老保险的资金筹集模式差异。城乡居民基本养老保险实行社会统筹与个人账户相结合的基本制度模式，养老金待遇由基础养老金和个人账户养老金两部分构成。具体标准由地方政府自行确定。第三，城镇职工基本养老保险与城乡居民基本养老保险并轨难度大。个人账户养老金由于城乡居民可支配收入低，个人缴费水平也低。当前，城镇职工基本养老保险与城乡居民基本养老保险并轨有难度，三制合一是社会保障制度改革的主方向，这对地方政府的财力有较高要求。基本公共服务2020年均等化的目标应以城乡居民基本养老保险制度作为医疗保险最低待遇标准，实现全覆盖。

③农地确权启动了城乡义务教育的均等化。随着新型城镇化的推进、居住证的引入，居住证持有人在居住地依法享有平等接受义务教育的权利。目前大部分转移人口子女能够享受公办学校入学政策。城乡义务教育阶段差异主要表现在城乡中小学基础教育资源上。从硬件看，城市和农村普通中小学校舍建设标准有两套标准，缺乏统一设施配备标准，缺乏教育硬件资源财政投入保障机制。从软件看，城市和农村对于师生比要求有两套标准，在课程教学、师资质量、管理水平等方面的差距是导致城乡教育质量差距的主要因素。

（5）城乡管理体制改革的阶段性成果

从城乡居民基本医疗保险和城乡居民基本养老保险的制度模式看，社会统筹账户和个人账户相结合体现了城市范围内参保人整体工资和参保人自身工资的综合水平。无论是居民医疗和养老保险，还是职工医疗和养老保险，均是区域经济发展水平和当地财政支付能力的体现。居住证政策安排只明确到义务教育阶段，城乡义务教育阶段的二元化主要体现在城乡教育资源的二元化上，有待设计更科学合理的制度框架，打破二元化现状。

因此，无论是城乡居民基本医疗保险、城乡居民社会养老保险，还是义务教育服务，都是一种相对低端的、覆盖面广的全国统筹。很多核心福利单凭居住证是无法得到的。未来基本公共服务均等化仍是改革的主要方向。

二 农地确权及其启动的相关制度改革引致城乡关系转变

我国资源流动主导方向决定了城乡关系的演变趋势，换言之，资源流动给城乡关系改变带来动力。1979~1984年，无论是联产承包责任制还是物质动员改革都主要围绕农业和农村，财力都更多流向农村，农村发展更快。[1] 物质动员导致财政压力增大，1985年起国家逐渐停止对农村的物质动员。在缺乏社会保障的前提下，农民面对的市场风险极大。1985~2003年，经济改革重心转向城市经济体制改革，城乡间经济增长速度更逐渐倾向城市，在市场经济的利益驱动下，农村资源流向城市，形成农村资金、优秀人才流向城市的总体格局。

---

[1] 党的十一届三中全会通过的《中共中央关于加快农业发展若干问题的决定（草案）》提出了25项农业政策，包括粮食收购价格从1979年夏粮上市起提高20%，超购部分再加价50%；棉、油、糖、水产、林产收购价格也分别逐步提升；降低化肥、农药等农业生产资料的价格；增加对农业的贷款。激励的目的重在增加粮食供给，激励农业发展，增加农村、农民的收入。1979~1984年农民人均收入的增长速度超过17%，同期城镇居民的人均收入增长速度为7.9%。

1. 联产承包责任制启动的物质激励降低后农民风险增加

1979~1984 年是农村发展最快的阶段，农民收入增速远高于城镇居民。1984 年后，对农村动员的物质激励减弱，粮食价格下降。农业生产资料价格上升，农民的生产积极性遭受第一重打击；家庭联产承包责任制的创新活力释放减弱，农民的生产积极性遭受第二重打击；小农对接大市场，市场风险大，缺少社会保障的农民全面承担市场风险，农民的生产积极性遭受第三重打击。农业成为低收入高风险行业，于是，农村土地价值被低估，农地撂荒严重。农民进城务工被很多人认为是低风险选择。进城赚取货币收入成为很多农民的选择。资源流动向城镇倾斜。这是工业化、城镇化发展的必然之路，也是经济社会发展经历此阶段具有一般性特征的资源流动过程，改变这种过程只能依赖于政府通过制度建设或改革，更多参与到城乡资源互动中来。

2. 农地流转及其启动的相关制度改革未扭转资源流向城镇趋势

1994 年中央政府放权后，地方政府在一定程度上可视为追求自我利益的主体（罗敏，2016），各级地方政府追求本辖区整体经济快速发展。20 世纪 90 年代初期在部分城市近郊和东南沿海非农产业发达的农村地区，民间逐渐产生农地流转。1997 年东南亚金融危机期间，国家启动内需刺激经济发展，政府再度关注农村经济发展，城乡差距拉大已经影响到中国整体经济发展。因此，2002 年、2003 年国家相关政策和制度宣布农地流转的合法地位。2004~2012 年一系列相关制度改革启动，取消农业税，增加农业补贴，加强农村基础设施和基本公共服务建设，新农保、新农合制度建立起来，农民的社会保障制度初步确立，试图扭转城乡收入差距持续拉大的局面。纵向对比，新农村建设取得了一定效果，农村基础设施、基本公共服务在专项资金支持下有很大进步。但从根本上讲，城乡一体化目标并没实现，表 4-12 显示，农村居民的健康状况、教育水平、人均收入相比城镇居民在变差或基本未改变，城乡差距多数时间处于拉大状态。财政在农村和城镇的人均投入方面向城镇倾斜是差距拉大的原因之一。城乡二元结构没有根本解决，资源流动以农村流向城市为主，农村投资资金主要来自政府，从城镇流向农村的私人投资很少。城乡资源双向良性流动的局面尚未形成。

表4-12 乡/城的居民健康状况、教育水平、人均收入、
人均财政投入比值（城镇值为1）

年份	60~64岁人口死亡率	5岁以下儿童死亡率	新生儿死亡率	15岁以上（含15岁）文盲率	居民家庭人均收入	人均卫生费	人均义务教育费	人均文化事业费
2004	1.54	2.38	2.08	3.45	0.31	0.23	0.49	0.15
2005	1.56	2.44	2.08	3.13	0.31	0.28	0.58	0.16
2006	1.64	2.50	2.00	3.57	0.30	0.28	0.62	0.18
2007	1.85	2.44	2.38	3.85	0.30	0.23	0.65	0.19
2008	2.13	2.94	2.50	3.70	0.30	0.24	0.64	0.17
2009	1.72	2.94	2.44	3.85	0.30	0.25	0.64	0.20
2010	1.85	2.78	2.44	3.85	0.31	0.28	0.87	0.29
2011	1.96	2.70	2.38	4.35	0.32	0.32	0.86	0.45
2012	1.85	2.78	2.08	4.55	0.32	0.35	0.86	0.52

注：城乡人均财政投入比值数据是根据2005~2013年的中国统计年鉴、2005~2013年的中国卫生统计年鉴、2005~2013年的文化部文化发展统计公报、2005~2013年的中国人口和就业统计年鉴的数据计算得出。

3. 农地确权及其启动的相关制度改革确立了城乡一体化发展体制

2004~2012年，虽有城乡统筹发展战略，但城乡统筹发展机制、体制却未建成。农业税的全面取消、四项农业补贴的建立，农村基础设施的投入，新农合、新农保的建立未从根本上改变城乡二元化管理机制。考虑到城乡一体化发展体制建立的成本问题，以农地确权为基础，国家开启了土地、社保、户籍制度的改革，目的是建立基本城乡一体化发展机制，促进城乡资源互融互通（见图4-8）。

我国的改革是渐进式的，农地确权是土地制度改革中对农民土地权利的明确认定，启动相关制度改革也是从低成本、低难度项目开始，先试点探索然后再逐渐推广铺开。城乡统筹医疗保障制度是从缴费和待遇差距小的城乡居民医疗保险开始的。放开城镇户籍制度是先从难度低的

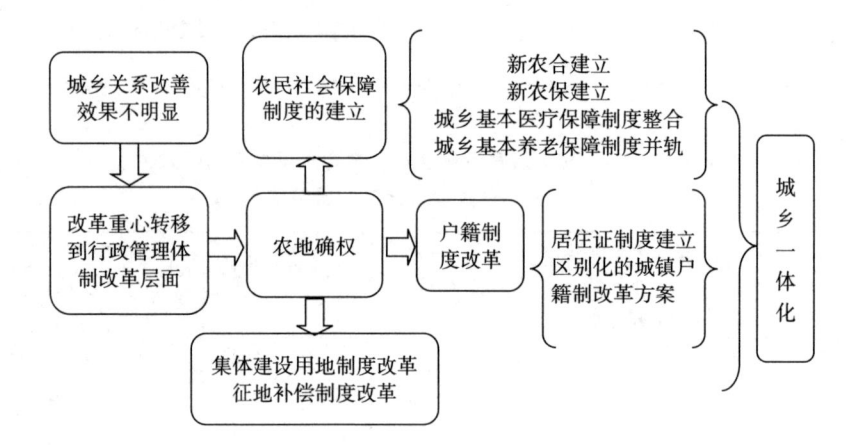

图 4-8 农地确权的城乡一体化效应影响流程

小城镇、中小城市展开的。

（1）城乡建设用地一体化管理体制建立

1998 年《土地管理法》修订，第四十三条明确规定任何单位和个人进行建设，需要使用土地的，必须依法申请使用国有土地；国有土地包括国家所有的土地和国家征用的原属于农民集体所有的土地。第六十三条规定农民集体所有的土地的使用权不得出让、转让或者出租用于非农业建设。这两条规定限制了集体建设用地直接进入市场，征为国有以后才可以进入市场，土地增值收益归国家，农民不能凭借对集体建设用地的权利获取财产性收益。城乡分割土地制度就此成立。

2019 年的《土地管理法》对征地部分和集体经营性建设用地入市部分进行了修订，在征地程序上将审批后公示改为批前公示，更能体现农民的土地承包经营权的地位受到尊重；对农民的补偿不仅包括农民的财产权益，还包括农民的被保障权益。修订后的土地管理法明确规定农村集体经营性建设用地可以上市交易。

（2）城乡户籍一体化管理体制建立

《居住证暂行条例》于 2016 年 1 月 1 日起施行，全国正式推行居住证制度。居住证制度设立的目标是建立城乡统一的户口登记制度，稳步推进义务教育、就业服务、基本养老、基本医疗卫生、住房保障等城镇基本公共服务覆盖全部常住人口。到2020年底，基本实现了"建立起依法保障公民权利，以人为核心、科学高效、规范有序的新型户籍制度；实现1亿左右转移人口在城镇落户"的任务。居住证制度通过积极创造条件，推进城镇基本公共服务向常住人口全覆盖，逐步提高居住证持有人享有的公共服务水平。居住证制度的目的之一是，在无法完全取消户籍限制的城市，为转移人口享受基本公共服务提供依据。

（3）城乡社会保障一体化管理体制建立

①城乡基本医疗保险整合。整合后的城乡居民基本医疗保险由两部分构成：一部分为各级财政补助；另一部分为个人缴费。两部分会随着国家财力和个人收入水平的提高同步提高。《国家医保局　财政部　人力资源社会保障部　国家卫生健康委关于做好2018年城乡居民基本医疗保险工作的通知》指出，2018年我国城乡居民医保财政补助较上年增加40元，达到每人每年不低于490元。个人缴费标准较上年同步增加40元，达到每人每年220元。

②城乡居民基本养老保险并轨。并轨后的城乡居民基本养老保险实行统账结合的基本制度模式。财政全额支付基础养老金，具体待遇水平由财政支付能力决定，采取现收现付制。养老金个人账户水平由个人账户的累积总额决定（月待遇标准＝个人账户累积总额÷139）。省（区、市）人民政府可以根据实际情况增设缴费档次，人力资源和社会保障部也可依据城乡居民收入调整缴费档次。集体经济组织补助标准由村民会议决定。地方政府应基于参保人缴费档次给予缴费补贴，缴费越高，补贴越多，具体标准由地方政府自行确定。

③城乡义务教育均等化。随着新型城镇化的推进，居住证的引入，明确居住证持有人在居住地依法享有平等接受义务教育的权利。目前，大部分农村转移人口子女能够享受公办学校入学政策。《国务院关于推动城乡义务教育一体化发展提高农村义务教育水平工作情况的报告》指出，2017年，全国共有义务教育阶段随迁子女1406.6万人，其中80%进入公办学校就读，另有7.5%享受政府购买民办学校学位服务，并全

部纳入生均公用经费和"两免一补"补助范围。

三 农地确权引致城乡一体化融合发展

1. 农地确权短期引致资源配置加速

农地确权进一步使地权清晰,从农户角度看,《土地管理法》《土地承包经营法》的保护终归是看不到、摸不着的,而确权颁证可让农户获得土地承包经营权被保障的心理上的踏实感,有了这种踏实感,如果自己经营土地会更加愿意投入,如果流转给他人尤其是外来人(入乡的民营资本)也不会有不确定感,增加了土地流转的机会。对于已在城镇安家的转移人口,土地流转出去也可增加其收入。原有的影响资源流动的不确定性因素因农地确权被削弱,短期内农地确权加快了资源流动速度。从国家角度看,可借颁证工作摸清农村土地资源家底,为后续土地制度进一步改革提供基础信息。

2. 农地确权长期引致城乡一体化融合发展

从农地改革的历史角度看,农地制度改革(联产承包责任制)作为启动器曾经带动了相关制度改革,从而引致资源在流动中具有了一定的倾向性,进而改变了原有的城乡关系的发展轨迹。但并不是所有的农地制度改革都会有这样的经济效果,这视具体的经济发展情况和制度组合的强度而定,农地确权及其启动的相关制度组合建立了基础性的城乡一体化发展机制。

城乡统一的居住证制度的设立保证了农业转移人口在城镇的基本公共服务的获得,通过制度改革,农业转移人口(农民工)在城镇的相关权利得到保障,为农业经营适度规模化和农民增收提供了条件。城乡统一的建设用地交易制度引导城镇资源向农村流动,解决农村、农业衰落问题。城乡统一的社会保障制度保障了农民基础性的发展权利,降低了农民对接大市场时的风险。因此,从长期看,农地确权及相关制度组合促进了城乡资源的融合,为城乡一体化融合发展扫清了障碍(见图4-8)。

第五章
粮食主产区农地确权的综合效应：量化分析

在第四章我们对粮食主产区农地确权的综合效应进行了定性分析，本章进行定量分析。为了更好地反映粮食主产区农地确权的综合效应，我们将本章内容分为宏观实证分析与微观实证分析两个部分。这样可以从不同层面反映农地确权的影响，根据宏观和微观不同层面的实证效果进行相互印证。宏观实证分析主要是基于粮食主产区的13个省（区）中产粮大县（或县级市）的数据，而微观实证分析主要是基于本课题组对河南省部分产粮大县的入户调研数据。

第一节 宏观实证分析：基于粮食主产区县域数据

本课题组考虑到数据的代表性和易获得性，从我国粮食主产区的13个省（区）中抽取342个县（或县级市），[①] 并对所收集的数据进行

---

① 本课题组抽取的粮食主产区的13个省（区）中的342个县（市）的分布情况为：山东省31个（博兴县、惠民县、无棣县、阳信县、沾化县、邹平县、曹县、成武县、单县、定陶县、东明县、巨野县、鄄城县、郓城县、茌平县、东阿县、高唐县、冠县、临清市、莘县、阳谷县、莒县、五莲县、海阳市、莱阳市、莱州市、龙口市、蓬莱市、栖霞市、招远市、滕州市）；安徽省39个（枞阳县、砀山县、定远县、东至县、繁昌县、凤台县、凤阳县、阜南县、固镇县、广德县、怀宁县、（转下页注）

宏观实证分析。

一 农地确权宏观数据分析基础

前文已述,全国的农地确权工作是分批次开展的。早在2009年中

(接上页注①)怀远县、绩溪县、界首市、泾县、旌德县、来安县、郎溪县、临泉县、灵璧县、明光市、南陵县、宁国市、潜山县、青阳县、全椒县、石台县、泗县、太和县、太湖县、天长市、桐城市、望江县、芜湖县、五河县、萧县、宿松县、颍上县、岳西县);四川省20个(苍溪县、峨边县、峨眉山市、古蔺县、广汉市、合江县、夹江县、犍为县、剑阁县、井研县、泸县、罗江县、马边县、绵竹市、沐川县、青川县、什邡市、旺苍县、叙永县、中江县);江苏省15个(常熟市、昆山市、太仓市、张家港市、东海县、灌南县、灌云县、江阴市、宜兴市、沭阳县、泗洪县、泗阳县、靖江市、泰兴市、兴化市);江西省20个(武宁县、修水县、永修县、德安县、都昌县、湖口县、彭泽县、瑞昌市、南城县、黎川县、南丰县、崇仁县、乐安县、宜黄县、金溪县、资溪县、广昌县、南昌县、安义县、进贤县);湖北省43个(巴东县、恩施市、鹤峰县、建始县、来凤县、利川市、咸丰县、宜恩县、京山县、沙洋县、钟祥市、丹江口市、房县、郧西县、郧县、竹山县、竹溪县、安陆市、大悟县、汉川市、孝昌县、应城市、云梦县、保康县、谷城县、老河口市、宜城市、枣阳市、红安县、黄梅县、罗田县、麻城市、蕲春县、团风县、武穴市、浠水县、英山县、公安县、洪湖市、监利县、江陵县、石首市、松滋市);湖南省50个(安乡县、汉寿县、津市市、澧县、临澧县、石门县、桃源县、冷水江市、双峰县、新化县、韶山市、湘潭县、湘乡市、茶陵县、醴陵市、炎陵县、攸县、株洲县、洞口县、隆回县、邵东县、邵阳县、绥宁县、武冈市、新宁县、新邵县、道县、东安县、江永县、蓝山县、宁远县、祁阳县、双牌县、新田县、衡东县、衡南县、衡山县、衡阳县、耒阳市、祁东县、宁乡县、长沙县、保靖县、凤凰县、古丈县、花垣县、吉首市、龙山县、泸溪县、永顺县);河南省65个(中牟县、巩义市、荥阳市、新密市、新郑市、登封市、兰考县、孟津县、新安县、栾川县、嵩县、汝阳县、宜阳县、洛宁县、伊川县、偃师市、宝丰县、叶县、鲁山县、郏县、舞钢市、汝州市、安阳县、汤阴县、滑县、内黄县、林州市、新乡县、获嘉县、原阳县、延津县、封丘县、长垣县、卫辉市、渑池县、卢氏县、灵宝市、南召县、方城县、西峡县、镇平县、内乡县、淅川县、社旗县、唐河县、新野县、桐柏县、邓州市、永城市、罗山县、光山县、新县、商城县、固始县、潢川县、淮滨县、息县、扶沟县、西华县、商水县、淮阳县、太康县、鹿邑县、项城市、新蔡县);河北省23个(泊头市、沧县、东光县、海兴县、河间市、黄骅市、孟村回族自治县、南皮县、青县、任丘市、肃宁县、吴桥县、献县、盐山县、定州市、康保县、涞水县、灵寿县、平泉市、迁安市、青龙满族自治县、邱县、三河市);黑龙江省19个(拜泉县、富裕县、甘南县、克东县、克山县、龙江县、讷河市、泰来县、依安县、富锦县、桦川县、桦南县、汤原县、同江市、东宁县、海林市、林口县、穆棱市、宁安市);吉林省11个(公主岭市、梨树县、双辽市、伊通满族自治县、辉南县、集安市、柳河县、梅河口市、通化县、东丰县、东辽县);辽宁省5个(普兰店市、瓦房店市、庄河市、东港市、凤城市);内蒙古自治区1个(武川县)。

— 104 —

央一号文件中提出农地确权以村庄为单位先行试点，2011~2013年逐步扩大试点范围至整县，并于2014年逐步进行整省推进。本部分选取2010~2018年粮食主产区县级面板数据，数据源于相关省级统计年鉴、市级统计年鉴、各省农村统计年鉴、各市国民经济和社会发展统计公报、中国县域统计年鉴、中国区域经济统计年鉴、中国县（市）社会经济统计年鉴等以及EPS数据库中的区域数据库，力求数据来源客观、准确，并根据指标需要对原始数据进行相关计算和处理。其中，数据缺失值采用线性插值法补充；为减少变量的波动性，以平滑数据和可能的异方差对各变量取自然对数。本研究使用的计量软件为Stata15.0。

二 农地确权宏观分析变量与模型设定

根据已有相关研究经验和农地确权宏观实证分析特点，本课题组进行如下变量选取和模型设定。

1. 变量选取

被解释变量。农地确权产出绩效的衡量有多种表征形式。例如：有以各地区生产总值和地区生产总值指数作为衡量农业产出的基本指标（赖迪辉、李娜，2018）；有以农业总产值作为农业产出衡量指标（吴贤荣等，2020）；还有采用DEA方法测算农业产出效率以表征农业产出绩效（钟成林，2019；廖文梅等，2020）。鉴于本研究选取了县级数据，考虑到数据的可获得性及代表性，确定农业总产值（y）为因变量。

解释变量。农村土地承包经营权确权证书是农民从事土地流转、抵押质押等经济活动的前提，因此，我们以农民获得农村土地承包经营权证书（qq）（以下简称"确权证书"）为标准，将获得确权证书设置为1，未获得设置为0（廖文梅等，2020；许恒周等，2020）。

中介变量。本研究选取农业技术和农业劳动力转移规模作为中介变量。农业技术包含农业机械技术和生物技术，分别以农业机械总动力（tav）和农业化肥使用量（afc）为表征。农业劳动力转移规模（$labtr$）

以年末乡村从业人口中从事非农就业人口的比重为表征（罗必良、张露，2020；许恒周等，2020）。

控制变量。（1）产业结构（idy）。它以第一产业总产值占地区生产总值的比重为表征。产业结构数值越大，表明农业发展在该地区的地位越重要，产业结构调整会影响到该地区的农村劳动力就业转移倾斜和农业专业化分工的效率（罗必良、张露，2020；钟成林，2019）。（2）农业种植结构（aps）。它是指各地区粮食播种面积占农作物总播种面积的比重。随着经济发展和区域气候转变，农村种植结构也朝着提高农民总收益的方向逐渐转变，进而在区域生产要素投入配置的同时影响到农村劳动力转移和农业专业化分工。（3）农业生产的社会化程度（sa）。它是指农业生产中间消耗占农业生产总值的比重。该值越大表明购入其他部门的中间产品越多，用于直接生产的中间产品越少，对农业从业人员的熟练度和劳动生产率的提高越具有刺激作用（钟成林，2019）。（4）地区生产总值（gdp）。一般情况下，地区生产总值较高的地区其经济发展能够带动更多就业，故而农村劳动力转移倾向于由低生产总值地区转向高生产总值地区，因此，我们对其予以控制。（5）农村居民人均纯收入（$rurin$）。考虑到从2014年起，农村居民人均可支配收入代替了农村居民人均纯收入，而2013年同时提供了农村居民人均可支配收入和农村居民人均纯收入，为保证数据的一致性，以2013年的两类数据的比值换算乘数，将农村居民人均可支配收入换算成农村居民人均纯收入（马轶群、孔婷婷，2019）。（6）农业劳动力人数（lab）。考虑到县域数据中关于农业劳动力数据指标的缺乏，且本课题涉及的主要是种植业，用乡村第一产业从业人员代替农业劳动力人数可能会产生误差，故我们用农业总产值占农、林、牧、渔业总产值的比重乘以农、林、牧、渔业从业人员的值来代替（罗必良、张露，2020）。此外，还包括粮食产量（gy）、农作物播种面积（sac）等控制变量。表5-1是各变量的描述性统计结果。

表 5-1 变量描述性统计

变量	样本量	均值	标准差	最小值	最大值
qq	342	0.2615	0.4395	0	1
lny	342	12.3785	0.7139	9.6441	14.1908
$lntav$	342	3.9634	0.7545	0.8272	5.6452
$lnafc$	342	10.5627	1.0557	7.0707	17.9974
$labtr$	342	48.6101	15.3356	5.1352	92.3518
aps	342	69.6767	14.5279	22.4237	99.9509
idy	342	19.8677	10.4458	0.8251	74.4525
sa	342	37.6353	6.7460	10.0998	60.7195
$lnrurin$	342	-0.1019	0.4389	-2.2109	1.9511
$lngdp$	342	5.0537	0.8379	2.3703	8.2516
$lngy$	342	3.5197	0.8317	0.4465	5.8592
$lnsac$	342	4.4804	0.6707	1.8690	6.0310
$lnlab$	342	1.9380	0.8317	0.4465	5.8592

2. 模型设定

中介效应模型最早源于心理学研究，在探究自变量 X 对因变量 Y 的影响过程中，若自变量 X 通过影响变量 M 进而对因变量 Y 产生影响，此时称 M 为 X 与 Y 之间的中介变量（温忠麟、叶宝娟，2014）。与直接效应回归模型相比，中介效应模型能够细化变量间因果关系的作用机制，从而可以实现更为深入的研究。因此，随着中介效应研究的不断改进与完善，中介效应模型逐渐被应用到更多的领域当中。在农业领域也同样如此。农地确权对农业产出绩效不仅有直接效应，还会通过农业专业化分工对农业产出产生影响。因此，为验证农地确权与农业产出绩效之间的作用关系，我们以中介效应模型为核心模型，采用 Baron 和 Kenny（1986）的因果逐步回归方法，具体模型设定如下。

首先，建立模型（1）检验农地确权对农业总产值的直接影响：

$$Y_{i,t} = \alpha_0 + \alpha_1 qq_{i,t} + \alpha_2 X_{i,t} + \mu_{i,t} \tag{1}$$

其次，建立模型（2）检验农地确权对农业技术和农业劳动力转移规模的直接影响：

$$Inter_{i,t} = \beta_0 + \beta_1 qq_{i,t} + \beta_2 X_{i,t} + \varepsilon_{i,t} \qquad (2)$$

最后，建立模型（3）检验农业技术和农业劳动力转移规模对农地确权与农业总产值的中介效应影响：

$$Y_{i,t} = \gamma_0 + \gamma_1 qq_{i,t} + \gamma_2 Inter_{i,t} + \gamma_3 X_{i,t} + \delta_{i,t} \qquad (3)$$

模型（1）反映了农地确权对农业总产值的直接作用。系数 α_1 反映农地确权对农业总产值的影响程度及方向。若 α_1 显著为负，则表明农地确权对农业总产值的负向效应大于正向效应，减少了农业产出；反之，则说明农地确权有利于增加农业产出。

模型（2）反映了农地确权对中介变量农业技术和农业劳动力转移规模的作用。若系数为正，则表明农地确权正向影响农业技术和农业劳动力转移规模；反之，则说明对其有抑制作用。

模型（3）反映在控制中介变量之后，农地确权对农业总产值的影响。其中，下标 i 代表地区；t 代表年份；$Y_{i,t}$ 是被解释变量，代表地区 i 在 t 年的农业总产值；$qq_{i,t}$ 表示农地确权情况；$X_{i,t}$ 表示控制变量组；$Inter_{i,t}$ 是以农业技术或农业劳动力转移规模为代表的中间传导机制。模型（1）~（3）中，α_0、β_0、γ_0 为常数项；$\mu_{i,t}$、$\varepsilon_{i,t}$、$\delta_{i,t}$ 为随机误差项。

利用模型（1）~（3）的估计结果检验中介变量的作用机制，具体过程如下。

第一步，对农地确权与农业总产值之间的关系进行回归分析，若 α_1 显著则继续检验；反之，则停止。

第二步，利用模型（2）和模型（3）检验回归系数 β_1 和 γ_2 的显著性，若两组系数皆显著，则进行第四步；若两组系数中存在不显著性，则进行第三步。

第三步，进行 Sobel 检验，检验是否还存在中介效应，若检验不通过则说明不存在中介效应。

第四步，检验 γ_1 的显著性，若该系数显著，则说明中介变量发挥部分中介效应；否则，说明中介变量发挥完全中介作用。

三 农地确权宏观实证结果分析

通过模型设定和数据分析，我们得出实证结果并进行分析。

模型估计结果主要考察在县域层面农地确权对农业总产值的影响，以及农地确权是否能够通过作用于农业专业化分工进而对农业总产值产生影响。具体实证结果分为以下几个部分：第一，农地确权对农业总产值的回归；第二，农地确权与中介变量之间的回归；第三，农地确权和中介变量对农业总产值的回归；第四，对中介效应的 Sobel 检验。具体分析如下。

首先，对模型（1）进行估计。我们使用混合效应模型、固定效应模型和随机效应模型三种方法进行回归，并通过 Hausman 检验从中选出最适合的模型。从表 5-2 中可看出，Hausman 检验得出的 p 值为 0.0000，小于 0.05，故确定选用固定效应模型。对模型（2）和模型（3）的估计也采用了这三种方法，均确定固定效应模型为最优模型，对此不再一一展现。

表 5-2 农地确权对农业总产值的回归结果

	混合效应	固定效应	随机效应
qq	0.0319 ** (2.70)	-0.0248 *** (-4.27)	-0.0133 ** (-4.30)
idy	0.0297 *** (40.27)	0.0198 *** (24.34)	0.0212 *** (27.80)
sa	0.0076 *** (10.88)	0.0056 *** (10.26)	0.0058 *** (10.80)
aps	-0.0047 *** (-10.40)	-0.0081 *** (-14.24)	-0.0074 *** (-13.88)

续表

	混合效应	固定效应	随机效应
ln*rurin*	0.2239*** (12.76)	0.1331*** (9.18)	0.1919*** (14.51)
ln*gdp*	0.4892*** (45.24)	0.6488*** (36.14)	0.5638*** (37.69)
ln*gy*	0.1435*** (6.81)	0.1606*** (6.75)	0.1454*** (6.49)
ln*sac*	0.0945*** (3.89)	0.1538*** (4.79)	0.1861*** (6.84)
ln*lab*	0.3120*** (36.01)	0.2286*** (16.22)	0.2424*** (19.98)
常数项	7.8393*** (104.53)	7.3859*** (46.14)	7.6104*** (69.54)
N	342	342	342
R^2	0.8722	0.8172	0.8443
Hausman 检验	149.92 (0.0000)		

注：*、**、***分别表示在10%、5%、1%的置信水平上显著，括号里面的数值为 t 的统计量值。

从表5-2的固定效应模型回归结果中可看出，在控制其他变量的情况下，农地确权与农业总产值之间的相关系数为-0.0248，且在1%的置信水平上显著为负。这说明农地确权对农业总产值存在负向影响。这可能有以下三个方面的原因。(1) 农地确权以法律证书的形式保障了农户关于承包农地的合法权益，不仅进一步强化了地权的稳定性，也解决了农户流转农地的后顾之忧。这极大地解放了农村剩余劳动力。据统计，我国农民工总量由2010年的24223万人逐年上升，到2019年我国农民工总量达到29077万人。这进一步说明农地确权对农村劳动力的非农就业转移具有促进作用。而农业收益低的压力和非农就业收入高的刺激引发的农村劳动力转移，会进一步造成农地撂荒、弃耕，进而降低农业总产值。(2) 农地确权为农地流转提供了新契机。随着我国经济发展步伐的加快，传统的农业生产已无法满足持续增长的消费需求，而新兴农业的发展不仅需要资金、技术的支持，还需要时间成本的投入，这对于以小农户为主的家庭生产来说是一个严峻的挑战，在这样的大环境下，农地资源的整合配置及高效利用存在时滞，故而短期内会造成农业总产值的下降。(3) 农地确权会通过减少耕地面积降低农业总产值。随着经济发展的日新月异，我国居民消费价格逐年攀升，无论是农业机械投入还是诸如化肥、农药等农业生产性投入都在逐年增加。综合考虑经济效益最大化，多数农户在保障自给自足的前提下会减少耕种面积，进而会造成农业总产值的下降。

就控制变量而言，在 1% 的置信水平上，产业结构对农业总产值的影响显著为正，表明在农业基础较为雄厚的地区能够较好地扶持农业发展，对农业总产值具有正向促进作用。农业生产的社会化程度与农业总产值的相关系数为 0.0056，且在 1% 的置信水平上显著为正，表明农业生产的社会化程度的提高能够显著促进农业总产值的增加。农业种植结构在 1% 的置信水平上对农业总产值的影响显著为负，这表明已有的种植结构对农业总产值具有负向抑制作用，这可能是因为已有的农业种植结构已达到饱和状态，继续增加粮食种植面积不能创造更多的利润。农村居民人均纯收入、地区生产总值、粮食产量、农作物播种面积和农业劳动力人数均对农业总产值的影响显著为正，这表明经济发展水平、人均收入水平的提高、农作物播种面积的增加、粮食产量的提升以及农业劳动力的增加都会进一步促进农业总产值的提高。

其次，对模型（2）进行估计。从表 5-3 的第（1）列可以看出，农地确权与农业机械总动力之间的回归系数为 -0.0935，且在 1% 的置信水平上显著，表明随着农地确权的落实，地权稳定性提高，农户对农业机械的投入力度降低。究其原因，农地确权强化地权稳定性，激发了更多非农就业转移的小农户将农地流转出去以获得收入，其自身对农业机械的投入减少。从表 5-3 的第（2）列可看出，在 5% 的置信水平上，农地确权对农业化肥使用量的影响显著为正，表明农地确权的落实，有利于增加对农业化肥的投入。这可能是因为稳定的地权给予农户投资信心，考虑到农地的可持续性发展，农户愿意增加化肥投入改善农地质量。从表5-3的第（3）列可看出，农地确权与农业劳动力转移规模之间的回归系数为-0.1104，表明农地确权对农业劳动力转移规模具有抑制作用。

表5-3 农地确权与中介变量的回归结果

	（1） $lntav$	（2） $lnafc$	（3） $labtr$
qq	-0.0935*** （-9.19）	0.0514** （2.29）	-0.1104 （-0.52）
idy	-0.0023 （-1.61）	0.0009 （0.30）	0.0091 （0.31）
sa	0.0039*** （4.16）	-0.0088*** （-4.23）	0.0468** （2.35）
aps	-0.0036*** （-3.60）	-0.0093*** （-4.23）	-0.1648*** （-7.86）
$lnrurin$	0.2399*** （9.46）	-0.1378** （-2.46）	-1.8115** （-3.40）
$lngdp$	-0.0262 （-0.83）	0.1066 （1.54）	3.8007*** （5.76）
$lngy$	0.0358 （0.86）	0.4857*** （5.29）	5.9306*** （6.78）
$lnsac$	0.1989*** （3.55）	0.2950** （2.39）	0.0871 （0.07）
$lnlab$	0.0136 （0.55）	-0.0324** （-0.60）	-23.3168*** （-44.98）
常数项	3.2483*** （11.60）	7.9906*** （12.94）	62.7125*** （10.66）
N	342	342	342
F值	40.26	11.61	255.38

注：*、**、*** 分别表示在10%、5%、1%的置信水平上显著，括号里面的数值为 t 的统计量值。

最后，对模型（3）进行估计。从表5-4中可以看出，在农业机械总动力、农业化肥使用量和农业劳动力转移规模的作用下，农地确权对

第五章 粮食主产区农地确权的综合效应：量化分析

农业总产值的影响程度有所减小。具体来说，从表5-4的第（1）列可看出，在农业机械总动力的影响下，农地确权对农业总产值的影响显著为负，与直接作用相比影响程度减小（系数的绝对值由0.0248降低为0.0199）。鉴于其系数均在1%的置信水平上显著，故表明农业机械总动力即农业专业化分工的中介效应显著。表5-4的第（2）列表示在农业化肥使用量的作用下农地确权对农业总产值的影响。可以看出，农地确权与农业总产值、农业化肥使用量与农业总产值的回归系数具有显著性，且农地确权与农业化肥使用量之间的系数也在5%的置信水平上显著，故农业化肥使用量的中介效应显著。从表5-4的第（3）列可看出，农地确权与农业总产值、农业劳动力转移规模与农业总产值之间的回归系数均在1%的置信水平上显著，但表5-3的第（3）列中农地确权与农业劳动力转移规模的回归系数不显著，故需要进一步做Sobel检验，检验结果显著。故存在"农地确权—农业劳动力转移规模—农业总产值"机制。

表5-4 农地确权的中介效应回归结果

	（1） lny	（2） lny	（3） lny
qq	-0.0199*** (-3.38)	-0.0241*** (-4.14)	-0.0239*** (-4.32)
lntav	0.0527*** (4.83)	—	—
lnafc	—	-0.0144** (-2.90)	—
labtr	—	—	0.0083*** (16.80)
idy	0.0199*** (24.57)	0.0198*** (24.39)	0.0197*** (25.46)
sa	0.0053*** (9.89)	0.0054*** (10.01)	0.0052*** (10.01)
aps	-0.0079*** (-13.93)	-0.0082*** (-14.45)	-0.0067*** (-12.29)

续表

	（1）	（2）	（3）
	lny	lny	lny
ln*rurin*	0.1204*** (8.20)	0.0311*** (9.04)	0.1481*** (10.71)
ln*gdp*	0.6502*** (36.36)	0.6504*** (36.26)	0.6172*** (35.89)
ln*gy*	0.1588*** (6.70)	0.1676*** (7.02)	0.1112*** (4.87)
ln*sac*	0.1433*** (4.48)	0.1580*** (4.93)	0.1530*** (5.01)
ln*lab*	0.2279*** (16.23)	0.2282*** (16.20)	0.4228*** (23.87)
常数项	7.2148*** (44.18)	7.5007*** (45.55)	6.3686*** (44.13)
N	342	342	342
F值	772.31	766.63	870.67
Sobel 检验	不需要	不需要	0.0055** (2.58)

注：*、**、***分别表示在10%、5%、1%的置信水平上显著，括号里面的数值为t的统计量值。

四 农地确权宏观实证的稳健性检验

1. Bootstrap 检验

为了进一步验证中介效应的准确性，采用 Bootstrap 方法进行稳健性检验。检验结果如表5-5所示。从表5-5中可看出，农地确权通过农业机械总动力对农业总产值产生的间接效应在5%的置信水平上显著（系数为-0.0058），表明原有研究具有稳健性。以农业化肥使用量、农业劳动力转移规模为中介变量的 Bootstrap 检验结果同样表明原有研究具有稳健性（见表5-6和表5-7）。

表 5-5　以农业机械总动力为中介变量的 Bootstrap 中介效应检验结果

		Bootstrap 标准误	Bootstrap（95%）置信区间	
			下限	上限
间接效应	-0.0058** (-3.05)	0.0019	-0.0095	-0.0021
直接效应	0.0378*** (3.54)	0.0107	0.0169	0.0586

注：*、**、*** 分别表示在 10%、5%、1% 的置信水平上显著，括号里面的数值为 t 的统计量值。

表 5-6　以农业化肥使用量为中介变量的 Bootstrap 中介效应检验结果

		Bootstrap 标准误	Bootstrap（95%）置信区间	
			下限	上限
间接效应	0.0063** (3.40)	0.0019	0.0027	0.0100
直接效应	0.0256* (1.93)	0.0132	-0.0003	0.0516

注：*、**、*** 分别表示在 10%、5%、1% 的置信水平上显著，括号里面的数值为 t 的统计量值。

表 5-7　以农业劳动力转移规模为中介变量的 Bootstrap 中介效应检验结果

		Bootstrap 标准误	Bootstrap（95%）置信区间	
			下限	上限
间接效应	0.0055** (2.56)	0.0021	0.0013	0.0097
直接效应	0.0265** (2.31)	0.0115	0.0040	0.0490

注：*、**、*** 分别表示在 10%、5%、1% 的置信水平上显著，括号里面的数值为 t 的统计量值。

2. PSM 检验

采用倾向得分匹配（PSM）法检验回归模型的稳定性。若匹配前后相关参数系数在符号上和显著性上保持一致，则说明原回归模型具有稳健性。结果如表 5-8 所示。

表 5-8　倾向得分匹配前后解释变量的平衡性检验

因变量	匹配前后	Ps-R²	LR 统计值（P 值）	标准化偏差
农业总产值	匹配前	0.228	807.88（0.000）	49.9
	匹配后	0.002	5.12（0.587）	2.3
农业总产值（加入中介变量）	匹配前	0.254	898.43（0.000）	7.1
	匹配后	0.006	12.37（0.193）	4.3

注：*、**、*** 分别表示在 10%、5%、1% 的置信水平上显著，括号里面的数值为 t 的统计量值。

表 5-8 为倾向得分匹配前后解释变量平衡性检验的结果。从表 5-8 中可看出，在未加入中介变量时，Ps-R² 值从匹配前的 0.228 降为匹配后的 0.002，解释变量的偏差也由 49.9 下降为 2.3，显著性也显著降低。在加入中介变量后，Ps-R² 值从匹配前的 0.254 降为匹配后的 0.006，解释变量的偏差也由 7.1 下降为 4.3，显著性也显著降低。这表明，加入中介变量前后的匹配结果都能很好地平衡样本的控制变量分布，满足平行假设。

3. 不同地区间的稳健型检验

在对选定的县域数据进行实证分析后，为进一步检验其结果的稳健性，并分析不同区域农地确权的生产绩效，本课题组根据国家区域划分标准将在粮食主产区选定的样本县（或县级市）分为东部、中部和西部并进行实证检验，结果如表 5-9 至表 5-12 所示。从表 5-9 至表 5-12 中可观察到，虽然在不同区域的估计结果在数值和显著性方面存在一定差异，但整体结果仍然是稳健的。

表 5-9　农地确权与农业总产值的估计结果

项目	东部	中部	西部
农地确权	-0.0248* (-1.92)	-0.0272*** (-4.20)	-0.0115 (-0.69)
控制变量	已控制	已控制	已控制

续表

项目	东部	中部	西部
F值	156.07	749.18	251.58
样本量	74	248	20

注：*、**、***分别表示在10%、5%、1%的置信水平上显著，括号里面的数值为t的统计量值。

表5-10　农地确权与农业机械总动力的估计结果

项目	东部	中部	西部
农地确权	-0.1524*** (-7.96)	-0.0688*** (-5.44)	-0.0467* (-1.66)
控制变量	已控制	已控制	已控制
F值	18.93	31.27	25.43
样本量	74	248	20

注：*、**、***分别表示在10%、5%、1%的置信水平上显著，括号里面的数值为t的统计量值。

表5-11　农地确权与农业化肥使用量的估计结果

项目	东部	中部	西部
农地确权	0.2734** (3.16)	-0.0083 (-0.59)	-0.0255 (-1.64)
控制变量	已控制	已控制	已控制
F值	12.15	9.18	4.11
样本量	74	248	20

注：*、**、***分别表示在10%、5%、1%的置信水平上显著，括号里面的数值为t的统计量值。

表5-12　农地确权与农业劳动力转移规模的估计结果

项目	东部	中部	西部
农地确权	-0.8072** (-2.56)	0.0696 (0.26)	-0.1835 (-0.15)
控制变量	已控制	已控制	已控制

续表

项目	东部	中部	西部
F值	49.57	204.52	12.24
样本量	74	248	20

注：*、**、***分别表示在10%、5%、1%的置信水平上显著，括号里面的数值为t的统计量值。

因此，通过模型分析及相关检验结果可以看出，在控制其他条件不变的情况下，短期内农地确权对农业总产值有负向影响。这可能是因为农地确权的实施进一步稳固了农地产权，使得更多农民从农业生产中解放出来，减少对农地的投资，通过农地流转获取收益。总之，农地确权对农业总产值、农业化肥使用量与农业劳动力转移规模都具有综合效应。考虑到农地确权时间较短，各地区对农地确权成果的具体运用差异较大，目前的研究具有一定的局限性。因此，在未来的研究中可以着眼于农地确权成果的长期效益，以期建设性地推进我国农地制度改革进程。

第二节　微观实证分析：以河南省农村入户调研为例

全国到2018年底，农地确权工作基本结束，农地确权相关档案资料被逐步完善归档进入各县档案局（馆）。河南省作为农业大省、粮食大省、人口大省，农地确权工作始终与全国农地确权的试点、展开和总结相关，具有典型意义，相关问题和思考也具有理论意义，对今后的农村土地制度改革乃至整体社会经济发展都有深远影响。

本课题组在研究过程中，除了发动和培训在校本科生参与农地确权调研并进行相关总结和思考外，还先后于2018年暑期、2019年暑期组队到豫南、豫北、豫东的典型农业大县进行专题调研，实地发放调查问卷和调查表800多份，同期回收有效利用资料737份（包括少量被部分研究分析的调查问卷或表格数据资料)。

因此,本部分以河南省为例,根据本课题组实地调研情况对农地确权过程及其综合效应从两大方面进行分析:一是基于调查问卷进行比较定性的分析;二是基于调查表进行具有基础数据的分析。调查问卷和调查表参见附录。需要说明的是,如下分析是基于调查问卷和调查表中的部分问题和数据,由于报告篇幅原因,各地调研报告、访谈录音整理资料以及原始数据就不在附录中呈现了,完整内容留存本课题主持人处备查。①

一 农地确权的定性民意效果与社会前景:调查问卷分析

调查问卷包括当地农地确权实施过程、农地确权的影响(主要是针对被访谈对象家庭)、农地确权满意度及土地使用情况、农地确权模式及确权争议等方面。各统计表依据实地调研的农户选择(多选项已注明)或自己简写的内容。由于农户对各项内容处理不同,因此,各问题统计样本数有微小差异,但并不影响总体结果。回收有效利用资料737份(包括少量被部分研究分析的调查问卷或表格数据资料),具体分析如下。

1. 关于本地农地确权实施过程的调查分析

从调查问卷反映的情况看,在农地确权过程中农民的意愿、程序执行情况、矛盾冲突等方面(调查问卷中的问题1至问题8),总体而言,农地确权得到农民高度认可、矛盾冲突较少较小,并解决了大部分的农

---

① 本研究前后进行了多次调研,包括不同年度多次发动和培训学生在暑假、寒假和主要节假日返乡调研回收的资料,也有在假期集中调研形成的调研数据和访谈整理资料。本研究针对集中调研时举行的座谈会和个人访谈录音进行了整理,包括到有关县(市)相关部门、乡镇、村访谈的录音整理。其中,整理的调研访谈集锦,有数十篇,内容长短不一,篇幅较大,本书就不再附录,这些都是学生依据访谈录音逐句整理的,基本没有进行特殊处理,最大限度地保留了访谈交流原貌,可以说是相关访谈的"保真版"内容。
2018年暑假集中调研参加人员有:万举和其硕士研究生余月圆以及本科生陈飞、杨洁、拜晴、吕帅等。2019年暑假第一次集中调研参加人员有:万举和其硕士研究生余月圆、史慧敏、邱佳萱以及本科生陈飞。2019年暑假第二次集中调研参加人员有:万举和其硕士研究生史慧敏、邱佳萱以及本科生陈飞、吕帅等。

地纠纷和矛盾。有关调研可以总结如下几点。

（1）农地确权过程及其效果得到绝大多数农民的高度认可，确权符合农民意愿

这一判断可以从问卷中的数据明确得出。从表5-13可知，有86.2%的农户认为农地确权必须要做或非常重要；表5-14表明农地确权实施程序是规范有序的，得到绝大多数农户认可，即有96.7%的农户认为按程序认真负责或基本按程序进行确权。

（2）农地确权解决了不少土地纠纷和矛盾，但也可能"唤醒"纠纷和矛盾

问题3反映了这一情况，有72.4%的农户认为土地纠纷和矛盾得到全部解决（见表5-15）。但是，我们也应看到，仍有18.6%的农户认为只解决了部分纠纷，也就是说，仍然存在纠纷。有8.2%的农户认为纠纷没有变化或仍然存在，甚至有极少数农户认为农地确权增加了土地纠纷和矛盾（尽管只有0.8%的农户这么认为），这就像我们与地方农业管理部门人员的调研座谈中总结的那样[①]：对农民而言，"确权是个好事儿"；同时，农地确权赋予农民更强、更明确的土地权利，提高了农民的土地权利意识，"把睡着的孩子唤醒"，在一些地方显性化了或强化了隐藏的土地纠纷或矛盾。

（3）地方政府在确权过程中的行为得到农民高度认可

问卷中的问题4反映了有86.3%的农户认为政府非常重视确权工作，显然，在确权过程中，农民高度认可政府行为，政府是负责认真的（见表5-16）。尽管有12.2%的农户认为政府行为一般化，甚至只是应付差事（只占0.4%）或不重视（占1.1%），但是，联系本部分的问题5至问题8，这种消极情况的产生可能与部分农民在确权中的参与度不足等有关。

[①] 此处引用内容来自访谈整理集锦中的《农地确权过程、解决方案及农业未来发展方向——"把睡着的孩子唤醒"与"确权是个好事儿"》（2018年8月16日上午，新蔡县农业局的调研座谈会）。

第五章 粮食主产区农地确权的综合效应：量化分析

（4）政府对农地确权的宣传组织较好，农民参与度较高

问卷中的问题5至问题8反映了地方政府在农地确权的宣传组织、发放资料以及农户参与和了解确权情况等方面效果良好。有92.3%的农户全程参与（占66.6%）或部分参与（占25.7%）确权过程（见表5-17），因此，有71.2%的农户非常了解农地确权（见表5-18）；有93.3%的农户认为政府有开会宣传或发放过资料（见表5-19），有92.5%的农户认为获得了确权基本资料或资料完整、详细（见表5-20）。但是，仍有部分农户（占9.2%）不太了解确权情况（见表5-18），这也可能是确权出现后续问题的原因。

表5-13　Q1 您如何看待农地确权

选项	频率	百分比（%）	累计百分比（%）
必须要做	422	57.3	57.3
非常重要	213	28.9	86.2
是土地流转的前提	59	8.0	94.2
无所谓	43	5.8	100.0
不希望确权	0	0	100.0
总计	737	100.0	

表5-14　Q2 您认为本地的农地确权实施程序

选项	频率	百分比（%）	累计百分比（%）
按程序认真负责	579	78.9	78.9
基本按程序	131	17.8	96.7
没按程序	7	1.0	97.7
很乱	17	2.3	100.0
总计	734	100.0	

表5-15　Q3 农地确权是否解决了土地纠纷

选项	频率	百分比（%）	累计百分比（%）
全部解决	530	72.4	72.4

续表

选项	频率	百分比（%）	累计百分比（%）
解决一部分	136	18.6	91.0
原样没变	60	8.2	99.2
增加了矛盾	6	0.8	100.0
总计	732	100.0	

表 5-16 Q4 您认为农地确权实施中当地政府行为

选项	频率	百分比（%）	累计百分比（%）
非常重视	634	86.3	86.3
一般化	90	12.2	98.5
应付差事	3	0.4	98.9
不重视	8	1.1	100.0
总计	735	100.0	

表 5-17 Q5 农地确权实施中您家人是否参与

选项	频率	百分比（%）	累计百分比（%）
全程参与	490	66.6	66.6
部分参与	189	25.7	92.3
没参与，但等发证	52	7.1	99.3
不关心	5	0.7	100.0
总计	736	100.0	

表 5-18 Q6 实施前，您对农地确权是否了解

选项	频率	有效百分比（%）	累计百分比（%）
非常了解，重在发证	525	71.2	71.2
部分了解发证	136	18.5	89.7
不太了解	68	9.2	98.9
其他	8	1.1	100.0
总计	737	100.0	

第五章 粮食主产区农地确权的综合效应：量化分析

表 5-19 Q7 实施确权前政府宣传得如何

选项	频率	百分比（%）	累计百分比（%）
有，开会发过资料	594	81.0	81.0
有，有资料没开会	90	12.3	93.3
简单说了说	37	5.1	98.4
其他	12	1.6	100.0
总计	733	100.0	

表 5-20 Q8 您认为本地确权实施中资料收集得如何

选项	频率	百分比（%）	累计百分比（%）
完整、详细	549	74.6	74.6
有基本资料	132	17.9	92.5
不太完整	38	5.2	97.7
其他	17	2.3	100.0
总计	736	100.0	

2. 关于本地农地确权的影响分析

本部分在调查问卷中共设计了 11 个问题，对应问卷中的问题 9 至问题 19，涉及粮食耕种和产量、农民家庭收入、土地流转、就业取向、农业合作、土地抵押贷款、农业机械投入等。总体而言，从农户回答调查问卷的问题结果可知，农户认为确权对以上所提到的各方面都有影响，并呈现有利于土地利用和农业生产的趋势。针对被访谈对象家庭，农地确权的影响具体可分为如下几点。

（1）农民有意愿增加土地耕种投入和粮食种植，过半农户认为粮食产量因此增加

总体上讲，农民认为确权对农业生产有正向积极促进作用。其中，有 77.6% 的农户想增加土地投入、改善土地或购买机械（见表 5-21）；有接近一半的农户想增加粮食种植，有 18.2% 的农户愿意增加经济作物种植（见表 5-25）；有 55.0% 的农户认为确权增加了粮食产量（见表 5-27）。

但是，同时应看到，农户对农地确权的实际感受也有相反情况，一些情况应得到重视。有部分农户（占22.4%）认为确权对自家耕种或农业生产并没有产生变化（见表5-21）；也有部分农户（占8.3%）认为因确权降低了粮食产量（见表5-27）；对于购买新农具或农业机械，有相当部分的农户（占62.5%）并没有（占46.0%）购买或认为无所谓（占16.5%）（见表5-31）。这说明，农地确权的影响虽然是综合的，但影响既不均衡也不同向，这反映了农业生产的复杂性，我们常常只看到了结果，而其中的核心关联或逻辑或明或暗地隐藏着许多层次，不是简单就能确定或明晰的，需要仔细深入探究。

（2）农地确权有利于充分利用土地，促进土地流转，增加收入

这些可从表5-22、表5-24、表5-29中得出基本判断。有72.1%的农户认为确权对农地流转增加明显（占47.0%）或者土地抛荒减少（占25.1%）（见表5-22）；同时，有67.0%的农户认为确权更易使土地流转而增加收入（占47.4%）或者通过扩大投资来增加收入（占19.6%）（见表5-24）；有53.2%的农户认为确权增加了土地出租价格（见表5-29）。

此外，也应注意到，有相当部分农户（占32.2%）认为确权对家庭收入没有影响（见表5-24）；有25.3%的农户认为确权对土地流转无影响，甚至有少数农户（占2.6%）认为确权更容易使土地撂荒（见表5-22）；也有相当部分农户（占38.9%）认为确权对流转价格影响不大（占13.9%）或没有影响（占25.0%）（见表5-29），认为没影响的占到1/4。

（3）农地确权强化了农民择业分流

从表5-23可看出，农地确权促使接近一半的农户（占47.4%）更想扩大耕种，有超过1/4的农户（占25.5%）认为农地确权使农民更易外出打工。但同时也有接近1/4的农户（占24.7%）认为确权对择业选择来说"无所谓"。这些情况说明，一方面，有相当部分农户根据自身情况从事农业生产和外出打工的收入差异性不大；另一方面，有

第五章 粮食主产区农地确权的综合效应：量化分析

部分农户择业机会较少或比较狭窄，只能安于农业生产现状。这也在其他地方的多次访谈中得到印证。

（4）农地确权对组织专业合作社有积极意义

从表5-26可看出，农户（占59.9%）认为农地确权对组成农业合作社，更积极容易、有积极影响，说明在土地权利得到进一步明晰后，农民更愿意利用明晰后的产权进行新的集体经济组织活动。也有34.5%的农户认为影响不大（占12.2%）或没有影响（占22.3%），这说明农业合作社的组建或具体活动还没有得到广泛认可或起到明显的带动作用，农业集体经济组织深化建设的空间巨大。

（5）农地确权增加了农民抵押贷款的潜在机会，但效果没想象中那么好

从表5-30可看出，通过农地确权，已有农户利用确权颁证办理了（占24.2%）或想办理（占17.4%）抵押贷款。但是，有接近一半的农户（占45.3%）并不想将确权证书拿来抵押贷款，这也基本符合我国农民从事农业生产的基本状况，即在不到万不得已的情况下，农民不会冒风险去贷款从事农业经济活动。

此外，也有超过一成农户（占13.2%）认为当前的情况没有办法办理到抵押贷款。这说明，一方面，利用确权办证从事农村金融活动的渠道并没有预想的那么通畅；另一方面，农村抵押贷款金融活动可能因为程序、信任、信息等障碍并不容易开展。

表5-21 Q9 农地确权对您家耕种的影响

选项	频率	百分比（%）	累计百分比（%）
更想增加土地投入	388	52.7	52.7
想法改善土地	168	22.8	75.5
想买机器	15	2.0	77.6
没变化	165	22.4	100.0
总计	736	100.0	

表 5-22　Q10 确权对您家土地流转的影响

选项	频率	百分比（%）	累计百分比（%）
流转明显增加	344	47.0	47.0
土地抛荒减少	184	25.1	72.1
无变化	185	25.3	97.4
易撂荒	19	2.6	100.0
总计	732	100.0	

表 5-23　Q11 确权对您家就业的影响

选项	频率	百分比（%）	累计百分比（%）
更想扩大耕种	348	47.4	47.4
更易外出打工	187	25.5	72.9
想搞养殖业	18	2.5	75.3
无所谓	181	24.7	100.0
总计	734	100.0	

表 5-24　Q12 确权对您家收入的影响

选项	频率	有效百分比（%）	累计百分比（%）
更易流转，增加收入	348	47.4	47.4
扩大投资，增加收入	144	19.6	67.0
继续荒着吧	6	0.8	67.8
没影响	236	32.2	100.0
总计	734	100.0	

表 5-25　Q13 确权对种植结构的影响

选项	频率	有效百分比（%）	累计百分比（%）
增种粮食作物	364	49.9	49.9
增种经济作物	133	18.2	68.1
不必调整结构	43	5.9	74.0
没影响	190	26.0	100.0
总计	730	100.0	

第五章 粮食主产区农地确权的综合效应：量化分析

表 5-26　Q1 确权对组成农业合作社的影响

选项	频率	百分比（%）	累计百分比（%）
更积极容易	440	59.9	59.9
更不易组织	41	5.6	65.4
影响不大	90	12.2	77.7
没影响	164	22.3	100.0
总计	735	100.0	

表 5-27　Q15 确权对您家粮食产量的影响

选项	频率	百分比（%）	累计百分比（%）
增加了	404	55.0	55.0
减少了	61	8.3	63.3
改变了种植品种	38	5.2	68.4
没影响	232	31.6	100.0
总计	735	100.0	

表 5-28　Q16 确权对您家进入城市的影响

选项	频率	百分比（%）	累计百分比（%）
增加流转好进城	353	48.0	48.0
减少撂荒增收入	111	15.1	63.0
影响不大	95	12.9	76.0
没影响	177	24.0	100.0
总计	736	100.0	

表 5-29　Q17 确权后，您家的土地出租价格有无明显变化

选项	频率	百分比（%）	累计百分比（%）
增加了	391	53.2	53.2
减少了	58	7.9	61.1
影响不大	102	13.9	75.0
没影响	184	25.0	100.0
总计	735	100.0	

表5-30　Q18确权后,是否准备用新证办抵押贷款

选项	频率	百分比(%)	累计百分比(%)
已办	178	24.2	24.2
不想办	334	45.3	69.5
想办还没办	128	17.4	86.8
没法办	97	13.2	100.0
总计	737	100.0	

表5-31　Q19确权后,您家是否因此多买新农具或农业机械

选项	频率	百分比(%)	累计百分比(%)
有	198	26.9	26.9
没有	338	46.0	72.9
想买还没买	78	10.6	83.5
无所谓	121	16.5	100.0
总计	735	100.0	

3. 关于农民对农地确权的满意度及土地使用情况

(1) 农民对农地确权的总体满意度高,有效维护农民权益

通过调研发现,从总体上看,农民对农地确权是高度满意的,农地确权政策和结果是非常成功的。绝大多数农户(占92.0%)对农地确权政策本身非常满意(占63.5%)或者满意(占28.5%)(见表5-32),更多数农户(占95.1%)对农地确权登记颁证结果本身非常满意(占64.5%)或者满意(占30.6%)(见表5-34)。

从表5-33看出,有78.1%的农户认为确权可有效维护农民权益,38.0%的农户认为确权使土地流转更有法律保障,55.4%的农户认为确权使农户的承包地面积更加准确。这些都反映了农地确权高度符合或顺应了农民意愿和愿望。

只有极少数农户(仅占1.3%)对农地确权政策本身非常不满意(仅占0.1%)或者不满意(仅占1.2%)(见表5-32),仅有极个别农户(仅占0.8%)对农地确权登记颁证结果本身非常不满意(仅占

0.1%）或者不满意（仅占 0.7%）（见表 5-34）。这样的结论也与仅有极少数纠纷与矛盾发生的农地确权实践相吻合。

（2）农地确权为高效利用土地奠定良好基础，顺应农民意愿，拓展了农民的经济机会

有76.8的农户认为农地确权利于搞好种植，保护耕地（见表5-36），并有71.2%的农户认为农地确权对农户最大的影响是"利于保护耕地"（见表5-37）。有42.2%的农户认为农地确权有利于抓住机会进行土地流转（见表5-36）。这说明，农地确权为高效利用土地奠定良好基础，顺应农民意愿。同时，农民有了各种选项，若有机会就不会锁牢在土地上，例如，表5-35显示，有10.9%的农户表示确权后更易将农地转为非农他用，而表5-36显示，有7.5%的农户明确表示不想再种粮食。

表 5-32　Q20 您对此次确权政策是否满意

选项	频率	百分比（%）	累计百分比（%）
非常满意	467	63.5	63.5
满意	210	28.5	92.0
没感觉	49	6.7	98.6
不满意	9	1.2	99.9
非常不满意	1	0.1	100.0
总计	736	100.0	

表 5-33　Q21 若"满意"或者"非常满意"，您觉得确权政策主要好在哪里（可多选）

选项	频率	百分比（%）
可有效维护农民权益	567	78.1
使农户的承包地面积更加准确	402	55.4
使土地流转更有法律保障	276	38.0
可有效减少土地纠纷	260	35.8
可有效解决土地细碎问题	147	20.2

续表

选项	频率	百分比（%）
更利于做生意	28	3.9
其他	16	2.2
总计	726	—

表5-34　Q22 您对确权登记颁证的结果满意吗

选项	频率	百分比（%）	累计百分比（%）
非常满意	474	64.5	64.5
满意	225	30.6	95.1
没感觉	30	4.1	99.2
不满意	5	0.7	99.9
非常不满意	1	0.1	100.0
总计	735	100.0	

表5-35　Q23 您认为确权后对农地利用的影响（可多选）

选项	频率	百分比（%）
促进农户搞好种植	494	67.4
更有利于保护耕地	469	64.0
更易转为非农他用	80	10.9
更易撂荒	8	1.1
其他	26	3.5
总计	733	—

表5-36　Q24 您认为确权后对农地利用的前景（可多选）

选项	频率	百分比（%）
利于搞好种植，保护耕地	563	76.8
若有机会，将流转土地	309	42.2
不想再种粮食	55	7.5
损害农地的事会更多	7	1.0
总计	733	—

第五章 粮食主产区农地确权的综合效应：量化分析

表 5 – 37　Q25 您认为农地确权对农户最大的影响是

选项	频率	百分比（%）	累计百分比（%）
利于保护耕地	520	71.2	71.2
流转土地多了	153	21.0	92.2
更不想流转了	28	3.8	96.0
损害农地的事更多了	7	1.0	97.0
其他	22	3.0	100.0
总计	730	100	100.0

4. 关于本地农地确权模式及确权争议

（1）粮食主产区普遍实施确权确地模式

河南省主要采取的确权模式是确权确地，这也是大多数粮食主产区普遍实施的模式（占 95% 以上），只有极少数地方实行其他模式，加总不超过 5%，并且，通过本课题组实地调研发现，调查问卷中"其他"选项的情况也很少遇到。在表 5 – 38 中，虽有其他确权模式，但其中也可能存在农户对确权模式理解有误的问题。

（2）农地确权中的少量纠纷不太激烈，大都可以通过调解或协商解决

农地确权中的少量纠纷不太激烈，大都可以通过调解或协商解决，这一情况可从表 5 – 39 中看出。当然，土地纠纷原因多样，但影响不大。从表 5 – 40 农户回答的确权困难看，主要在"容易引起权属新纠纷"（占 62.9%），大多是"历史遗留问题"（占 29.7%），这也与前述的问题 3 呈现的情况一致，即农民绝大多数都认为"确权是个好事儿"，但产生的纠纷就是"把睡着的孩子唤醒"。表 5 – 41 中部分农户（占 21.5%）表示确权容易引发纠纷。

当然，个别农户对确权有异议的原因较多，诸如感觉确权程序太复杂、理解不到位容易引发纠纷、村里工作不公开不透明、个别干部谋私利等，但从总体上看，这些原因大都可以通过调解或协商解决。而那些暂时可能还未解决的问题，也会随着经济社会的发展得到解决。

表 5-38 Q26 本地实施确权的具体方式是什么

选项	频率	百分比（%）	累计百分比（%）
确权确地	696	95.3	95.3
确权确股不确地	22	3.0	98.3
确股确地	3	0.4	98.7
其他	9	1.2	100.0
总计	730	100	100.0

表 5-39 Q27 确权时如有纠纷，本村怎么解决的（请简写）

自写项	频率	百分比（%）	累计百分比（%）
无纠纷	532	86.4	86.4
调解解决	29	4.7	91.1
协商解决	9	1.5	92.6
其他（回答分散，难汇总）	46	7.5	100.0
总计	616	100	100.0

注：本表是根据调研中农户填写的内容统计而得的，部分被调查农户没有填写。

表 5-40 Q28 您认为确权主要困难（可多选）

	频率	百分比（%）
容易引起权属新纠纷	449	62.9
费时费力村民不支持	191	26.8
工作经费不足	72	10.1
历史遗留问题	212	29.7
上级政府支持力度不够	32	4.5
缺少标准的工作规范	34	4.8
土地相关法律规定滞后	25	3.5
其他	42	5.9
总计	714	—

表 5-41 Q29 若您不支持农地确权，主要原因是（可多选）

选项	频率	百分比（%）
程序太复杂	171	45.5

续表

选项	频率	百分比（%）
容易引发纠纷	81	21.5
以后分不到地	91	24.2
村里工作不公开、不透明	33	8.8
村民无法参与	45	12.0
工作开展不公正	18	4.8
干部谋私利	9	2.4
其他	47	12.5
总计	376	—

二 农地确权综合效应的模型检验：调查表微观数据分析

本课题组基于调查表的数据汇总和筛选，得到总体样本691个。我们对相关数据进行分阶段模型分析检验，试图量化农地确权综合效应，以便细化和深入分析相关影响因素及其影响程度。

1. 农地确权前后初步分析

如表5-42所示，通过对数据合并配对，并初步进行差异性检验，可以得出，在确权前一年和确权后一年的对比中，数据显示在1%或5%的置信水平上，确权前后粮食产量、总收入、耕种收入、非农收入、农业收入均有显著性差异，但是均有所下降，养殖收入上升，但是不显著；耕种面积、流转（流入、流出）面积差异性均不显著。

表5-42 合并数据的配对差异检验

变量	样本量	确权前一年	确权后一年	均值差	t值	p值
粮食产量	691	4336.918***	4078.547***	-258.3716	-6.4621	0.0000
耕种面积	691	7.647829	7.633314	-0.0145152	-1.2106	0.2265
流出面积	690	0.2518696	0.2622609	0.0103913	1.4058	0.1602
流入面积	689	0.5022642	0.5022642	0	—	—
总收入	691	30672.6**	28786.57**	-1886.031	-3.5372	0.0004

续表

变量	样本量	确权前一年	确权后一年	均值差	t 值	p 值
非农收入	691	21660.28**	20904.1**	-756.177	-2.2116	0.0273
农业收入	691	9012.322**	7882.468**	-1129.854	-2.7349	0.0066
耕种收入	691	7553.895**	6158.534**	-1395.361	-3.9274	0.0001
养殖收入	691	1458.427	1723.933	265.5065	1.2097	0.2268

注：*、**和***分别表示在10%、5%和1%的置信水平上显著。

因此，我们在之后的分析中进一步设计变量和构造模型，即对农户家庭收入影响因素进行线性回归分析和对土地流转影响因素进行 logistic 回归分析。

2. 农户家庭总收入影响因素的线性回归分析

（1）变量设计

首先进行线性回归分析。为了分析农地确权对农户家庭收入的影响，我们选取如下因变量和自变量。

因变量1：农户家庭总收入（zsr），确权后一年为 zsr1，确权前一年为 zsr_1。

因变量2：农业收入（nysr），确权后一年为 nysr1，确权前一年为 nysr_1。

自变量：家庭人数（jtrs）；劳动力人数（ldlrs）；户主年龄（hznl）；户主受教育年限（hzjy）；耕种面积（gzmj），确权后一年为 gzmj1，确权前一年为 gzmj_1；粮食产量（lscl），确权后一年为 lscl1，确权前一年为 lscl_1。

（2）模型构造

基于上述变量设计，我们构造如下8个不同的因变量与自变量的线性回归模型，分别考察确权前后两年的对比情况：

$$zsr1 = \alpha_0 + \alpha_1 jtrs + \alpha_2 ldlrs + \alpha_3 gzmj1 + \alpha_4 lscl1 + \alpha_5 hznl + \alpha_6 hzjy + \mu \quad （模型1）$$

$$zsr\_1 = \alpha_0 + \alpha_1 jtrs + \alpha_2 ldlrs + \alpha_3 gzmj\_1 + \alpha_4 lscl\_1 + \alpha_5 hznl + \alpha_6 hzjy + \mu$$

（模型2）

第五章 粮食主产区农地确权的综合效应：量化分析

$$zsr1 = \beta_0 + \beta_2 ldlrs + \beta_3 gzmj1 + \beta_4 lscl1 + \beta_5 hznl + \beta_6 hzjy + \mu \quad \text{（模型3）}$$

$$zsr\_1 = \beta_0 + \beta_2 ldlrs + \beta_3 gzmj\_1 + \beta_4 lscl\_1 + \beta_5 hznl + \beta_6 hzjy + \mu \quad \text{（模型4）}$$

$$nysr1 = \alpha_0 + \alpha_1 jtrs + \alpha_2 ldlrs + \alpha_3 gzmj1 + \alpha_4 lscl1 + \alpha_5 hznl + \alpha_6 hzjy + \mu \quad \text{（模型5）}$$

$$nysr\_1 = \alpha_0 + \alpha_1 jtrs + \alpha_2 ldlrs + \alpha_3 gzmj\_1 + \alpha_4 lscl\_1 + \alpha_5 hznl + \alpha_6 hzjy + \mu \quad \text{（模型6）}$$

$$nysr1 = \beta_0 + \beta_2 ldlrs + \beta_3 gzmj1 + \beta_4 lscl1 + \beta_5 hznl + \beta_6 hzjy + \mu \quad \text{（模型7）}$$

$$nysr\_1 = \beta_0 + \beta_2 ldlrs + \beta_3 gzmj\_1 + \beta_4 lscl\_1 + \beta_5 hznl + \beta_6 hzjy + \mu \quad \text{（模型8）}$$

（3）模型回归结果分析

在对调查数据汇总整理后，由Stata16.0软件对模型1至模型8进行回归，得到汇总结果如表5-43所示。

①确权后一年的农户家庭总收入与各自变量的线性回归

从表5-43的输出结果可知，回归模型1为确权后一年的农户家庭总收入与各自变量的线性回归。模型可决系数为0.128，表明回归结果可以拟合12.8%的数据；模型整体显著性检验F值为16.68，对应的p值为0.000，接近于0，表明线性回归模型1在1%的置信水平上高度显著。

从变量的显著性检验结果可知，劳动力人数、户主受教育年限的系数在5%的置信水平上显著且均为正相关，家庭人数的系数在1%的置信水平上显著。回归系数表明，在确权后一年，家庭人数每增加1人，农户家庭总收入平均增加3545.12元；劳动力人数每增加1人，农户家庭总收入平均增加2044.65元；户主受教育年限每增加1年，农户家庭总收入平均增加1356.76元。

户主年龄系数在10%的置信水平上显著，但是与农户家庭总收入负相关。回归系数表明，在确权后一年，户主年龄每增加1岁，农户家庭总收入平均下降218.03元。而耕种面积与粮食产量的系数均不显著。

表 5-43 模型 1 至模型 8 回归分析数据汇总

	模型 1	模型 2	模型 3	模型 4	模型 5	模型 6	模型 7	模型 8
	zsr1	zsr_1	zsr1	zsr_1	nysr1	nysr_1	nysr1	nysr_1
jtrs	3545.12*** (0.000)	3262.68*** (0.000)	—	—	192.93 (0.523)	-86.67 (0.795)	—	—
ldlrs	2044.65** (0.043)	2232.37** (0.036)	4535.42*** (0.000)	4545.41*** (0.000)	625.39 (0.185)	630.76 (0.228)	760.94* (0.071)	569.32 (0.222)
gzmj1	1.52 (0.995)	—	67.49 (0.804)	-36.69 (0.908)	579.35*** (0.000)	—	582.94*** (0.000)	—
gzmj_1	—	-66.16 (0.832)	—	—	—	683.72*** (0.000)	—	682.94*** (0.000)
lscl1	0.55 (0.314)	—	0.97 (0.077)	1.26** (0.029)	0.08 (0.758)	—	0.10 (0.686)	—
lscl_1	—	0.86 (0.131)	—	—	—	0.12 (0.669)	—	0.11 (0.693)
hznl	-218.03* (0.080)	-367.13** (0.005)	-265.02** (0.037)	-412.30** (0.002)	-48.95 (0.4)	-135.63** (0.036)	-51.51 (0.374)	-134.43** (0.037)
hzjy	1356.76** (0.001)	1340.48** (0.001)	1437.58** (0.001)	1414.40** (0.001)	187.70 (0.307)	278.70 (0.171)	192.10 (0.295)	276.73 (0.174)
_cons	5732.84 (0.489)	15650.36 (0.072)	14959.06 (0.071)	24291.29 (0.005)	2023.20 (0.601)	7668.27 (0.074)	2525.30 (0.505)	7438.74 (0.076)
R^2	0.128	0.126	0.090	0.096	0.092	0.102	0.091	0.102

续表

	模型 1	模型 2	模型 3	模型 4	模型 5	模型 6	模型 7	模型 8
	$zsr1$	zsr_1	$zsr1$	zsr_1	$nysr1$	$nysr\_1$	$nysr1$	$nysr\_1$
F	16.68 (0.000)	16.36 (0.000)	13.42 (0.000)	14.52 (0.000)	11.46 (0.000)	12.91 (0.000)	13.68 (0.000)	15.50 (0.000)

注：本表根据 Stata16.0 软件的输出结果整理，表中括号内数字为检验的 p 值，*、** 和 *** 分别表示在 10%、5% 和 1% 的置信水平上显著。

②确权前一年的农户家庭总收入与各自变量的线性回归

与回归模型 1 相对照，回归模型 2 为确权前一年农户家庭总收入与各自变量的线性回归。模型可决系数为 0.126，表明回归结果可以拟合 12.6% 的数据；模型整体显著性检验 F 值为 16.36，对应的 p 值为 0.000，接近于 0，表明线性回归模型 2 在 1% 的置信水平上高度显著。

从变量的显著性检验结果可知，劳动力人数、户主受教育年限的系数在 5% 的置信水平上显著且为正相关，户主年龄在 5% 的置信水平上显著且为负相关，家庭人数的系数在 1% 的置信水平上显著。回归系数表明，在确权前一年，家庭人数每增加 1 人，农户家庭总收入平均增加 3262.68 元；劳动力人数每增加 1 人，农户家庭总收入平均增加 2232.37 元；户主受教育年限每增加 1 年，农户家庭总收入平均增加 1340.48 元；户主年龄每增加 1 岁，农户家庭总收入平均下降 367.13 元。而耕种面积与粮食产量的系数均不显著。

③确权后一年的农户家庭总收入与去掉家庭人数的各自变量的线性回归

回归模型 3 是在回归模型 1 的基础上，考虑到家庭人数与劳动力人数的高度相关性及其在农户家庭总收入中的地位，对回归模型 1 去掉家庭人数后的回归结果。去掉家庭人数后的回归模型可决系数有所下降，为 0.090，表明该回归结果可以拟合 9.0% 的数据。模型整体显著性检验 F 值为 13.42，对应的 p 值为 0.000，接近于 0，表明线性回归模型 3 在 1% 的置信水平上仍高度显著。

从变量的显著性检验结果可知，户主年龄的系数在 5% 的置信水平上显著，劳动力人数和户主受教育年限的系数在 1% 的置信水平上显著。回归系数表明，在确权后一年，劳动力人数每增加 1 人，农户家庭总收入平均增加 4535.42 元；户主受教育年限每增加 1 年，农户家庭总收入平均增加 1437.58 元；户主年龄每增加 1 岁，农户家庭总收入平均下降 265.02 元；粮食产量每增加 1 公斤，农户家庭总收入平均增长

第五章 粮食主产区农地确权的综合效应：量化分析

0.97元。而耕种面积的系数不显著。

④确权前一年的农户家庭总收入与去掉家庭人数的各自变量的线性回归

与回归模型2对照，回归模型4为确权前一年去掉家庭人数后的回归。模型可决系数有所下降，为0.096，表明该回归结果可以拟合9.6%的数据。模型整体显著性检验F值为14.52，对应的p值为0.000，接近于0，表明线性回归模型4在1%的置信水平上仍高度显著。

从变量的显著性检验结果可知，粮食产量、户主年龄、户主受教育年限的系数均在5%的置信水平上显著，劳动人数的系数在1%的置信水平上显著。回归系数表明，在确权前一年，劳动力人数每增加1人，农户家庭总收入平均增加4545.41元；户主受教育年限每增加1年，农户家庭总收入平均增加1414.40元；户主年龄每增加1岁，农户家庭总收入平均下降412.30元；粮食产量每增加1公斤，农户家庭总收入平均增长1.26元。而耕种面积的系数不显著。

⑤确权后一年的农业收入与各自变量的线性回归

回归模型5为确权后一年的农业收入与各自变量的线性回归。可决系数为0.092，表明回归结果可以拟合9.2%的数据。模型整体显著性检验F值为11.46，对应的p值为0.000，接近于0，表明线性回归模型5在1%的置信水平上高度显著。

从变量的显著性检验结果可知，只有耕种面积的系数在1%的置信水平上显著，系数为579.35，意味着耕种面积每增加1亩，农业收入平均增加579.35元。而其他自变量如家庭人数、劳动人数、户主年龄、户主受教育年限等的系数都不显著。

⑥确权前一年的农业收入与各自变量的线性回归

与回归模型5对照，模型6为确权前一年的农业收入与各自变量的线性回归。可决系数为0.102，表明回归结果可以拟合10.2%的数据。模型整体显著性检验F值为12.91，对应的p值为0.000，接近于0，表明线性回归模型 6 在 1% 的置信水平上高度显著。

从变量的显著性检验结果可知，户主年龄的系数在 5% 的置信水平上显著，耕种面积的系数在 1% 的置信水平上显著。耕种面积的系数为 683.72，意味着耕种面积每增加 1 亩，农业收入平均增加 683.72 元；户主年龄的系数为 -135.63，意味着户主年龄每增加 1 岁，农业收入平均下降 135.63 元。而其他自变量如家庭人数、劳动力人数、户主受教育年限等的系数都不显著。

⑦确权后一年的农业收入与去掉家庭人数后的各自变量的线性回归

回归模型 7 是在回归模型 5 的基础上，考虑到家庭人数与劳动力人数的高度相关以及其在农户家庭总收入中的地位，对模型 5 去掉家庭人数后的回归结果。去掉家庭人数后的回归模型可决系数几乎不变，为 0.091，表明该回归结果可以拟合 9.1% 的数据。模型整体显著性检验 F 值为 13.68，对应的 p 值为 0.000，接近于 0，表明线性回归模型 7 在 1% 的置信水平上仍高度显著。

从变量的显著性检验结果可知，在 10% 的置信水平上，只有劳动力人数的系数显著，耕种面积的系数在 1% 的置信水平上显著。耕种面积的系数为 582.94，意味着耕种面积每增加 1 亩，农业收入平均增加 582.94 元；劳动力人数的系数为 760.94，意味着劳动力人数每增加 1 人，农业收入平均增加 760.94 元。而其他自变量如户主年龄、户主受教育年限等的系数都不显著。

⑧确权前一年的农业收入与去掉家庭人数后的各自变量的线性回归

与回归模型 7 对照，回归模型 8 为确权前一年去掉家庭人数后的回归。模型可决系数有所上升，为 0.102，表明该回归结果可以拟合 10.2% 的数据。模型整体显著性检验 F 值为 15.50，对应的 p 值为 0.000，接近于 0，表明线性回归模型 8 在 1% 的置信水平上仍高度显著。

从变量的显著性检验结果可知，在 5% 的置信水平上，户主年龄的系数显著，耕种面积的系数在 1% 的置信水平上显著。耕种面积系数为

682.94，意味着耕种面积每增加 1 亩，农业收入平均增加 682.94 元。户主年龄的系数为 -134.43，意味着户主年龄每增加 1 岁，农业收入平均下降 134.43 元。而其他自变量如劳动力人数、户主受教育年限等的系数都不显著。

3. 农地确权前后土地流转影响因素的 logistic 回归分析

为了进一步考察农地确权的综合效应，我们特别针对确权前后的土地流转情况进行影响因素的 logistic 模型回归分析，并根据 logistic 模型特点将是否进行土地流转（记 1 或 0）设定为因变量。在调研数据处理上，主要对有效样本数据进行分析。

（1）变量设计

因变量：是否流转（$sflz$），凡是被调查农户存在土地流转情况（流入或流出）记为 1，无流转情况记为 0。

自变量：基于土地流转理论分析与调查数据，影响土地流转的主要因素可设计为家庭人数（$jtrs$）；家庭无地人数（$wdrs$）；劳动力人数（$ldlrs$）；户主年龄（$hznl$）；户主受教育年限（$hzjy$）；农户家庭总收入（zsr），确权后一年为 $zsr1$、确权前一年为 zsr_1。

（2）模型构造

根据变量设计，我们构造分析影响土地流转的 logistic 模型如下。

记 P 为土地流转的概率，即 $P = P(sflz = 1)$，则 $1-P$ 为不流转的概率，即 $1 - P = P(sflz = 0)$，logistic 模型为：

$$\ln\left(\frac{P}{1-P}\right) = \beta_0 + \beta_1 X_1 + \beta_2 X_2 + \cdots + \beta_k X_k + \mu$$

若记确权后一年是否流转为 $sflz1$，确权前一年为 $sflz\_1$，则构造确权前后两年对比的土地是否流转的 logistic 模型为：

$$\ln\left[\frac{P(sflz1=1)}{1-P(sflz1=1)}\right] = \beta_0 + \beta_1 jtrs + \beta_2 wdrs + \beta_2 ldlrs + \beta_3 hznl + \beta_4 hzjy + \beta_5 zsr1 + \mu \quad \text{（模型 9）}$$

$$\ln\left[\frac{P(sflz\_1=1)}{1-P(sflz\_1=1)}\right] = \beta_0 + \beta_1 jtrs + \beta_2 wdrs + \beta_2 ldlrs +$$
$$\beta_3 hznl + \beta_4 hzjy + \beta_5 zsr\_1 + \mu \qquad \text{(模型10)}$$

(3) logistic 模型回归结果分析

由 Stata16.0 软件对模型 9、模型 10 进行回归,得到结果如表 5-44、5-45 所示。

①模型 9 的 logistic 回归结果

根据模型 9 的 Stata 输出结果可知,在 10% 的置信水平上,在确权后一年,家庭无地人数、户主受教育年限两个变量的系数显著,其他均不显著。家庭无地人数、户主受教育年限的回归系数均为正值,表明与土地流转正相关,即家庭无地人数越多、户主受教育年限越长,土地流转的可能性越大。

表 5-44 模型 9 的 logistic 回归结果

sflz1	Coef.	Std. Err.	z	P>|z|	[95% Conf.	Interval]
jtrs	0.0067302	0.0895937	0.08	0.940	-0.1688703	0.1823307
wdrs	0.1764854	0.1033315	1.71	0.088	-0.0260407	0.3790115
ldlrs	0.0745708	0.0994549	0.75	0.453	-0.1203573	0.2694988
hznl	0.0142241	0.0142464	1.00	0.318	-0.0136983	0.0421465
hzjy	0.0839769	0.0443523	1.89	0.058	-0.002952	0.1709058
zsr1	4.20e-06	2.80e-06	1.50	0.134	-1.29e-06	9.69e-06
_cons	-4.364383	0.935222	-4.67	0.000	-6.197385	-2.531382

注:logistic 回归的 Number of obs = 686, LR chi^2(6) = 22.12, Prob > chi^2 = 0.0012, log-likelihood = -197.08377, Pseudo R^2 = 0.0531。

②模型 10 的 logistic 回归结果

根据模型 10 的 Stata 输出结果可知,在确权前一年,所有变量的系数均不显著。与模型 9 对照可知,确权后,家庭无地人数、户主受教育年限促进了土地流转。

表 5 – 45 模型 10 的 logistic 回归结果

$sflz\_1$	Coef.	Std. Err.	z	P>｜z｜	[95% Conf.	Interval]
jtrs	0.0255863	0.0887344	0.29	0.773	-0.14833	0.1995026
wdrs	0.1651387	0.1028965	1.60	0.109	-0.0365348	0.3668122
ldlrs	0.0753677	0.0994906	0.76	0.449	-0.1196303	0.2703656
hznl	0.0145294	0.0143047	1.02	0.310	-0.0135074	0.0425662
hzjy	0.0722239	0.044083	1.64	0.101	-0.0141773	0.1586251
zsr_1	3.41e-06	2.81e-06	1.21	0.226	-2.10e-06	8.91e-06
_cons	-4.376758	0.9360164	-4.68	0.000	-6.211317	-2.5422

注：logistic 回归的 Number of obs = 686，LR chi^2 (6) = 20.55，Prob > chi^2 = 0.0022，log-likelihood = -195.55097，Pseudo R^2 = 0.0499。

第三节　农地确权的理想与现实：模型分析综合解读

从上述分析发现，无论是调查问卷总体反映的农户对确权的感受，还是宏观、微观模型的分析，农地确权都有积极的正向综合效应，但仍存在理想与现实的差距。

一　农地确权的农户满意度高而有良好预期

从调查问卷中可知，农民对农地确权具有很高的满意度，并对政府的确权政策和确权过程给予了高度评价。尽管短期利益显现得并不多，但农民对未来土地权利的保障和农业生产充满良好预期。这说明，农地确权政策为农民"确实权""颁铁证"，是顺应民心民意、符合国家保障农业长远持续发展战略的。

二　农地确权存在长、短期效应不同步现象是正常的

从宏观实证分析可知，短期内农地确权对农业总产值、农业机械总

动力存在负向影响,主要原因是农地确权强化了地权,促进了农村劳动力转移,进一步造成部分农地的撂荒弃耕、农地流转后资源整合配置和高效利用存在时滞、耕种面积减少、对农业机械的投入减少等。

从微观实证分析看,通过对入户调查问卷和调查表进行分析对比,我们可看出,调查问卷反映了农民对农地确权的感受和预期内容,农民对其都具有较高评价。但是,我们从宏观、微观数据的模型分析中可知,农地确权并没有产生广泛的积极效应,有些因素的系数甚至在10%的置信水平上也不显著。这表明,农民的感受更多的是立足长远或对未来具有良好预期,调查表数据的模型分析结果显示的只是调研中所获得的确权前后各一年的短期效应,而这种短期效应在低速发展的小农家庭农业生产中并不明显,农民在短期内也不易切实感知到。

因此,农地确权的长、短期效应不同步现象是正常的。只要短期内按照国家政策要求或法定程序完成农地确权工作,而农民又在此基础上充满信心,农地确权的长期效应就会被综合呈现出来。

三 耕地面积仍然是粮食主产区粮食产量和农业收入的决定因素

农地确权后,从微观回归模型5中的变量的显著性检验结果看,只有耕种面积的系数在1%的置信水平上显著。而在确权前一年的农业收入影响因素中,从微观回归模型6中可知,耕种面积与户主年龄的系数分别在1%和5%的置信水平上显著。即便是在去掉家庭人数后的微观回归模型7和微观回归模型8中,在确权前后各一年的农业收入影响因素中,从变量的显著性检验结果看,耕种面积的系数一直保持在1%的置信水平上显著。

反观前面对农户家庭总收入影响因素的分析,不论是微观回归模型1和微观回归模型2,还是去掉家庭人数后的微观回归模型3和微观回归模型4,在确权前后各一年中,耕种面积即使在10%的置信水平上也均不显著。

以上情况说明，就目前状况而言，粮食主产区农民想通过从事农业生产获得收入或获得粮食产量，耕地面积非常重要。但是，对于大多数农户而言，由于农业收入占农户家庭总收入的比重越来越小（大量收入来自非农业生产如外出打工的收入等），耕地面积的大小对农户家庭总收入的影响不大。

因此，至少在目前农业生产技术还没有获得重大突破之前，强化管控，落实严格的耕地保护制度，严守耕地红线，这对保障国家粮食安全至关重要。

四 粮食主产区的农户家庭总收入仍取决于非技术性因素

农地确权前后，从微观回归模型1至模型4中可知，不论是否考虑到家庭人数与劳动力人数的高度相关性及其在农户家庭总收入中的地位而去掉家庭人数，从变量的显著性检验结果看，劳动力人数、户主年龄、户主受教育年限的系数均具有统计意义上的显著性。但是，劳动力人数、户主年龄等为非技术性因素，总体上仍然是要素规模扩张影响农户家庭总收入，只有户主受教育年限越长才可能越有利于提高农业生产效率或增加从事非农业生产的机会。

因此，保障国家粮食安全或增加农民收入，从长远看，重在提高农民教育水平、提高农业生产技术水平。推进农业振兴，农业要"插上科技的翅膀"。

五 农户家庭无地人数和户主受教育年限正向促进农地流转

农地确权前后，从微观回归模型9和模型10中可知，在10%的置信水平上，在确权前后各一年，只有家庭无地人数、户主受教育年限两个变量的系数显著，其他变量的系数均不显著。这说明，对于无地人数越多的家庭而言，一方面，要促进农户将较少的土地流转出去后外出从事非农业生产；另一方面，要促进少地而具有较高农业生产积极性的农户将土地流转进来以扩大农业生产。对于户主受教育年限而言，更长的受教育年限,一方面有利于农户获得更多农业生产信息和技术,为了从事农业生产而去流转土地,另一方面则有利于农户获得更多的非农业生产的信息和技术,从而流转出自家土地,选择外出打工。

因此,对于赋予农民更多更明晰的农地权利的农地确权政策而言,农户家庭无地人数和户主受教育年限有利于扩大土地流转。

六 农地确权的部分纠纷和矛盾少而小且多为历史遗留问题

粮食主产区普遍实施确权确地模式。无论采取何种模式,都是基于当地农村实际情况因地制宜的创新。当然,确权是对农民的土地权利和利益的明晰与确认,即便绝大多数农民都认为"确权是个好事儿",但也会因种种原因产生纠纷和矛盾,即"把睡着的孩子唤醒"。但是,这些少量纠纷一般不太激烈,大都可以通过调解或协商得到解决。容易引起权属新纠纷的情况,大多也是"历史遗留问题"。在确权过程中引起的个别农户的异议,原因有很多,例如感觉确权程序太复杂、容易引发纠纷、担心以后分不到地、村里工作不公开不透明、村民无法参与、工作开展不公正、干部谋私利等,但这些会随着经济环境的改善和社会的进步以及确权正向效果的逐渐显现而消减。

第六章
粮食主产区农地确权模式的区域异质性

我国幅员辽阔,气候条件、区域间环境和民俗差异较大,农业生产条件、农产品种类等千差万别,农地确权工作必定面临不同情况,在粮食主产区的13个省(区)中,农地确权模式的选择也存在区域异质性。本章主要考察农地确权模式分类及其区域异质性表现。

第一节 农地确权模式的理论探讨与实践总结

一 确权模式选择就是因地制宜寻找界定农地权利的方式

土地是农业生产最重要的生产资料。曾有学者极为乐观地认为,唤醒农村沉睡的土地资产,可以打开农村这个巨大的市场,可以支持我们的经济至少在2030年以前保持7%左右的增长速度(郑新立,2017)。而要促进土地资产的流动,盘活农村经济,就需要对农村最根本的土地制度进行改革。土地制度变迁是政治选择与制度费用的结果(刘守英,2017),其实质是土地产权改革。鉴于产权分割会带来净得益的增加(巴泽尔,1997),农地产权制度逐渐由两权分离转向现行的"三权分置",进而释放农地经营权,助力农民创收。近年来,我国主体完成的农村土地承包经营权确权登记颁证工作(即农地确权)是农村工作中一项基础性重点工作。它不仅是新一轮的土地制度变迁,还是夯实农地"三权分置"的产权基础。农地确权通过确权、登记、颁证进而清晰界定农地权属,唤醒沉睡的农地资产,其实质在于农地产权的界定。农地确权伊始,我国主体采取的是确权确地模式。但在2014年中央一号文件提出"可以确权确地,也可以确权确股不确地"后,全国各地在这两种确权模式基础上进行了多样化的尝试与探索。确权模式的选择,其实质就是各地因地制宜寻找界定农地权利的合适方式,也就是实现当地土地整体性稳定治理的方式。

在2019年11月28日国务院新闻办公室举行的《中共中央关于保持土地承包关系稳定并长久不变的意见》的发布会上,农业农村部部长韩长赋表示,到2018年底,全国精准测量11亿个地块,15亿多亩承包地。由此可见,我国农地细碎化问题严重,通过农地确权加速农地适度规模经营势在必行。从制度、空间、产权和自然环境等多重视角来看,农地细碎化是一种复杂的社会现象(王山、奉公,2016),也是完善农村土地制度的着眼点(贺雪峰,2015)。农地确权就是一种通过明晰产权、流转土地经营权实现土地整体性稳定治理的方式。它是指政府农业部门在二轮承包的基础上厘清农户承包土地的地块面积和四至,建立健全农地承包经营权登记簿,将农户的承包地面积等确权到户,通过以法律规定的证书形式保障农民的土地承包经营权(孙德超、曹志立,2017)。

二 理论研究与总结有利于促进确权实践

在农地确权模式研究中,有学者在确权确地模式的基础上创造性地提出按户连片耕种的确权模式,并认为此模式有利于规模种植,降低耕种成本(杨宏银,2015;罗明忠、刘恺,2017;谭砚文、曾华盛,2017);也有一些学者综合考虑地区经济社会环境,提出对现状确权、重新确权和微调确权三种确权方案和确权确地、确权确股不确地两种确权模式进行模式重组(杨宏力,2018);还有学者以人地关系和农地升值潜力为维度，将农地确权模式分为依据现状确权确地、调整土地后的确权确地、依据现状确股确利和调整土地后的确权确利4种确权模式（孙德超、曹志立，2017）。

在农地确权模式的区域特性研究方面，微观上，各区域对于实施确权确股不确地模式的原因以及因确权方式不同出现的问题各有阐释（张雷等，2015；高强、张琛，2016；黄红波，2017）；宏观上，以农业区域为载体，全国确权模式可划分为东北平原区+依现状确权确地、西北荒地区+调整后确权确利、东南城郊区+依现状确股确利和西南碎地区+调整土地后确权确地4种（孙德超、曹志立，2017）。

在农地确权模式相关问题及政策效应研究方面，有学者就确权确地模式下的新人地矛盾问题提出建立多样化的农地退出机制（郎秀云，2015）；也有学者基于农户对各确权模式的满意度的不同提出确权确地为主、坚持民主协商化解纠纷（张雷等，2017）；还有学者基于混合农地确权模式效果显著性差异提出完善农地抵押和土地租赁市场以推动农地规模经营（陈奕玮、丁关良，2019；姚志，2019）。

在不同农地确权模式的实践转化成果研究方面，众多学者认为各确权模式在维护农民关于农地承包经营权相关的合法权益（周其仁，2009）、促进土地投资（王曼等，2019）、农地流转（白小平，2016；郑欣等，2019）、农地抵押缓解融资约束（高有才、郭家睿，2017）和转移就业（韩家彬、刘淑云，2019）等方面都有一定程度的推动作用。上述关于农地确权模式的研究大多针对某一特定地区，而对确权模式的区域异质性的研究和总结尚不系统。

三 粮食主产区农地确权模式选择具有代表性

根据农业农村部数据，截至2018年底，全国2838个县（市、区）和开发区开展了农村承包地确权登记颁证工作，涉及2亿多农户，14.8亿亩承包地，农地确权主体工作基本结束。综合相关研究发现，我国农地确权工作牵涉面广、各地实际情况差异大、农地确权模式在各区域间的采用呈现异质性、确权的政策效果与具体实践转化成果间存在偏差，需要对此进行归纳分析。粮食主产区蕴含丰富的农地资源，是我国粮食生产的重要基地，以其为研究区域更有代表性。因此，有必要在农地确权模式的基础上，对确权实践经验和成果转化进行总结，发现现存问题及确权实践偏差，并提出有利于消除确权偏差和进一步深化农地制度改革的建议，以促进乡村振兴。

自改革开放以来，农业生产和农村经济发展壮大的过程，实际上也是一个将集体土地相关权利不断界定到农民自身或朝着最有利于农民获取土地利益转变的过程。全国各地依据区域变化特性将家庭联产承包责任制具体化为不同实现形式，也是一种土地权利不断被界定的过程。随着社会经济的发展，受农村人口增加、家庭分户细化、农业种植品种多元化和精细化等多重因素影响，在维护集体土地所有制基础上，农地确权工作就是新形势下农地制度改革的新探索。自农地确权试点开始，全国范围的农地确权工作皆以确权确地和确权不确地两种确权模式为主体。受资源禀赋差异和经济发展影响，农地确权模式在各区域间有所差异，即农地确权模式存在区域异质性。

第二节 农地确权模式的类型划分

通过对全国各地农地确权的实践经验进行总结整理，我们将农地确权模式划分为两大类，可进一步具体化为五种小模式，即以确权确地为主体特征的两种确权模式和以确权不确地为主体特征的三种确权模式。

一 确权确地模式

在农地确权工作中，凡土地已经承包到户的，坚持以确权确地为主的原则，总体上确权到户。因此，确权确地是最主要的确权模式。在确权确地的主体特征下，依据确权的参照的不同，主要有依据合同确权确

第六章 粮食主产区农地确权模式的区域异质性

地和按户连片耕种确权确地两种模式。

1. 依据合同确权确地模式

该模式是以第二轮土地承包合同为依据，通过对承包地块的数量、面积和四至进行测量核实来确权确地。这种确权模式是农地确权的主要模式，因有法律保障，在农户对土地依赖度高的粮食主产区等地区，农户对其接受度高。但在农户私下调整土地而未更改承包合同的情况下，这会导致承包地信息账实不符，使得在依合同确权确地与土地现实情况间存在偏差。在河南郑州和鹤壁、四川成都、云南玉溪等地都有这种现象发生。

2. 按户连片耕种确权确地模式

该模式是在充分尊重农户意愿、保证承包地面积和期限不变的情况下，在村民小组内部，以水源、住房、最大田块、产业等为主要参照，通过承包地经营权流转、承包权互换和承包地重分等办法将土地进行置换整合，形成农地向农业大户和新型经营主体集中的格局（杨宏银，2015；谭砚文、曾华盛，2017）。这种确权模式以农户承包地总面积为依据重新分配土地，将土地"小块并大块"，实现承包地连片耕种，既完成了确权，又达到减小农地细碎化的目的。该模式有效且具有可复制性，虽然在推行过程中有昂贵的改制费用，但也会节省规模经营中的机械运作费（罗明忠、刘恺，2017）。湖北沙洋、广东阳山、广西来宾、四川成都和巴中等地对此确权模式进行了积极探索。

二 确权不确地模式

在土地流转较少、农户间土地边界清晰的地区，确权确地的模式便于推行。但在农地规模流转等因素影响导致承包地面积不准、四至边界模糊的地区，实施确权确地的模式难度较大，故确权不确地的确权模式在这些地区颇受青睐。

1. 确权确股不确地模式

《关于在农村土地承包经营权确权登记颁证中使用确权确股不确地

方式的规定》中指出，确权确股不确地，是在村或组的范围内，农民不再拥有数量确切、四至清楚的承包土地，而是获得由承包地资源等量化计算出的股份，通过持有股份获得收益。这种确权模式，通过采取法律文书形式明确农地集体所有权和农户承包权，虽然对农户承包地的收益权有所体现，但实际占有权利弱化，需审慎使用（张雷等，2015；何晓星，2009）。鉴于该确权模式便于农业的专业化和规模化经营，故多在北京、上海、江苏、福建、山东、广东等经济发达地区以及经济欠发达的四至不清的地区实施。

2. 确权确面积确大四至模式

该模式指对承包户农地所处的大地块进行调查测绘，确认该大地块的四至边界、面积、涉及农户数等情况，以二轮土地承包关系为基础，确定每个承包农户拥有的承包地面积，但不确定每户土地的四至边界，实现确权到户、发证到户，确保农民利益不受损（林富榕，2016）。在人均耕地面积偏小、地貌变化大致四至不清、征地后剩余耕地参差不齐、耕种成本高的地区，在尊重农户意愿、履行民主决策和审批程序的基础上，依法采取"确权确面积确大四至"的方式开展确权登记颁证。福建省主体实行该确权模式。

3. 确权（确股）确利不确地模式

确权确利，是指在农村劳动力不足、土地撂荒地区，推行土地租赁模式和农地入股模式，为农民带来更多红利。前者是指通过鼓励承包户采取租赁形式，将农地流转给农业大户或农业企业以收取租金，发展适度规模经营；后者是指通过组建各类合作组织，进行统一化经营，获得经营利润。确股确利，是指把村集体的农地股份量化到每一个农民身上，村集体负责经营土地，村民只享有股份分红（刘龙飞，2014）。在经济发达而农地未承包到户的珠三角地区，以及北京和上海，山东济南、青岛和烟台，湖北十堰，江苏苏州，湖南衡阳等城镇化水平较高的地区对该确权模式进行了积极的探索。

第三节　粮食主产区农地确权模式的区域异质性表现

据《国家统计局关于 2019 年粮食产量的公告》相关数据计算可知，2019 年 13 个粮食主产区播种面积占全国播种面积的 75.52%，粮食总产量占全国粮食总产量的 78.89%。由此可见，粮食主产区拥有丰富的农地资源，且在国家粮食供给和安全方面有不可磨灭的贡献，以其为研究对象更具有代表性。通过对确权模式梳理发现，受政府政策宽泛性、经济发展程度差异性和农地实际情况复杂性的影响，国家给予地方政府一定程度的政策调整和变通空间；在地理环境和风俗文化综合作用导致地区异质性凸显的情况下，鉴于单个村落的地理、经济、社会等环境变动最小，农地确权模式选择必然源自村庄的具体实践（姚志，2019）。因此，本节对于粮食主产区确权模式的异质性分别从省级和村级两个层面进行分析。

一　省级层面确权模式的区域异质性

虽然粮食主产区多为经济欠发达地区，但随着经济发展的不断深入，粮食主产区内的粮食生产与经济发展呈反梯度关系（顾莉丽，2015）。考虑到资源禀赋（以"人均耕地面积均值化"表示）和经济发展水平（以"人均生产总值均值化"表示）因素的影响，从图 6-1 可看出，人均生产总值均值化水平明显高于粮食主产区平均水平的有 4 个省份，分别是江苏、内蒙古、山东和辽宁，说明这些地区经济发展水平相对较高，很大程度上能够拉动区域内经济发展的整体水平；其他 9 个省份的经济发展水平除吉林和湖北与粮食主产区平均水平持平外，都低于粮食主产区平均发展水平。这说明，随着经济的外向型发展，经济欠发达的 13 个粮食主产区经济发展水平总体失衡。在人地关系方面，黑龙江、内蒙古和吉林明显高于粮食主产区平均水平，且这 3 个省份均为粮食净调出省，不仅是国家商品粮生产基地，也是未来国家商品粮生产的核心区域（顾莉丽，2015）；其他 10 个省份除辽宁的人均耕地面积与粮食主产区平均水平基本持平外，都低于粮食主产区中各省份人均耕地面积的平均水平（见图 6 - 1）。

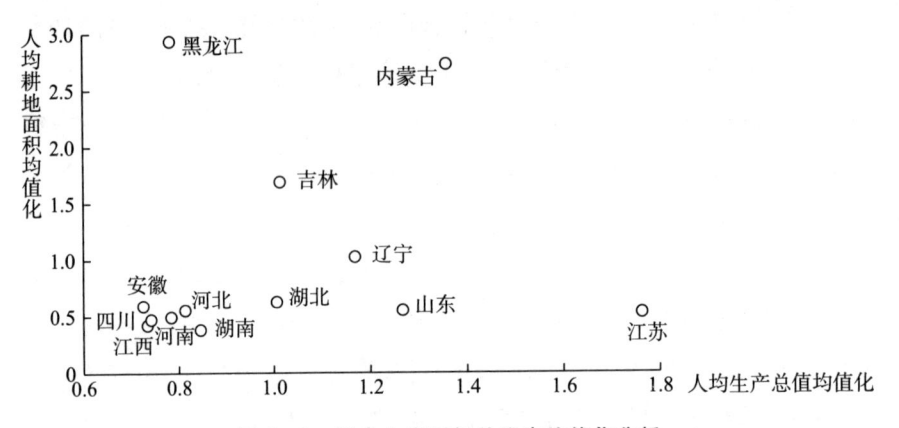

图 6 - 1　粮食主产区相关因素均值化分析

注：首先，选取 2013～2017 年 13 个粮食主产区的相关数据计算出人均生产总值和人均耕地面积，再将各年份进行平均处理；其次，以粮食主产区作为整体对每个省份进行均值化处理；最后，通过相关数据绘制散点图。

资料来源：图中数据由 2013～2017 年中国农业统计年鉴和中国统计年鉴相关数据计算而得。

根据上述关于资源禀赋和经济发展状况的比较，在省级层面可以将粮食主产区分为三类，其确权模式的选择有如下三种。

1. "双高型"确权模式基本化

"双高型"是指经济发展水平和人均耕地面积均高于粮食主产区平均水平，主要代表省份是内蒙古。内蒙古有丰富的土地资源，不仅可以大面积从事种植业，其畜牧业也较为发达，这推动了内蒙古的经济发展。受资源禀赋影响，内蒙古除化德县等少数地区采用确权确股不确地模式进行确权外，其他绝大多数地区采用最基本的依合同确权确地模式进行确权。

第六章 粮食主产区农地确权模式的区域异质性

2. "一高一低型"确权模式有偏化

"一高一低型"主要有以下两类。一类是经济发展水平高、人均耕地面积小的湖北、山东和江苏。湖北经济发展水平基本与粮食主产区平均水平持平，确权模式偏向于确权确地。而山东和江苏的经济发展状况相对较好，向非农化经济发展倾斜。对于确权模式的选择，除基本的依合同确权确地外，在南京、常州、苏州、扬州、济南、青岛、淄博、烟台、济宁等经济相对发达的地区，偏向于确权确股不确地和确权（确股）确利不确地的确权模式。另一类是人均耕地面积高于、经济发展水平低于粮食主产区平均水平的黑龙江。该省人均耕地面积较大，现代农业发展水平较高，且在国家商品粮供给和粮食安全方面发挥着重要作用，对于确权模式的选择偏向确权确地模式。

3. "双低型"确权模式复杂化

"双低型"是指经济发展水平和人均耕地面积均低于13个粮食主产区的平均水平。在双低型的粮食主产区，农村人均耕地面积较小，以农致富较为困难，而大城市拥有更多的就业机会和财富，这就导致了"农民工"的大批涌现。随着财富积累，农村劳动力流失加剧，农户对土地的依赖度递减，进一步导致土地撂荒现象严重。在这种地区，对于确权模式的选择更为复杂多样。在土地四至清晰的地区采用农户接受度高的依合同确权确地和按户连片耕种确权确地模式，有利于减少纠纷；在部分原有股份合作社、有集体化经济及土地细碎化严重的地区对确权确股不确地和确权（确股）确利不确地模式的探索相对较多。

二 村级层面确权模式的区域异质性

通过在各省、区、市等官网、相关农业网站新闻和相关权威期刊论文中对各地区农地确权模式进行挖掘，并将有关确权模式资料汇总整理发现，依据村庄距离中心城市的远近不同，在村级层面的近郊村和远郊村对确权模式的选择各有差异。主要表现在以下两个方面。

1. 近郊村确权模式创新化

纳入城市发展规划的城中村、分布在城市外围的城边村和交通信息发达的城郊村，如常州尧塘、营口大石桥、六安金安区、聊城和滨州的城郊村、郑州巩义站街镇、安阳和焦作的近郊区等地，因多实行农地规模流转导致土地面积、四至不清，除确权确地外，更多采用创新性的确权确股不确地和确权（确股）确利不确地等模式。

2. 远郊村确权模式政策化

在少数资源禀赋条件相对较差的远郊村，诸如河北平泉、内蒙古化德县、黑龙江兰西县、安徽濉溪县、江西修水县、河南固始县、湖北咸丰县等贫困县及其他部分贫困县的贫困村，受政策指引多扶持农民专业合作社和龙头企业发展特色农业，响应政府号召实施确权确股不确地和确权（确股）确利不确地的确权模式，通过农业合作社、股份合作社等经营主体将土地统一耕作，发展特色农业，提高地方农业生产效率和经济效益。除此之外的一般远郊村，受确权政策宣传度、农地平整度、农户对土地的依赖度和确权实施容易度的影响，多采用政策明确、农户接受度高的依合同确权确地模式和按户连片耕种确权确地模式。

农地确权是对农村土地权利的确认过程，是一项符合农村经济发展大势的基础性工作，而农地确权模式又是土地生产关系和区域经济发展动态匹配的结果（杨宏力，2018）。在我国13个粮食主产区内，各地区实际采用的确权模式都有所偏重，主要表现为以确权确地模式为主、确权不确地模式（主要是确权确股不确地）为辅。截至2018年底，我国农地确权任务基本完成，形成了在不违背政策原则基础上的多种确权模式并行的总体格局，但同时也引发农地确权"次生问题"，即农地确权实践偏误。

第四节 确权模式的区域异质性印证了我国农地问题复杂性

土地问题在我国从来就不是简单的农业生产资料问题。在历史上，

第六章　粮食主产区农地确权模式的区域异质性

土地问题见证了一个个朝代的兴衰更替。在近现代，土地问题又一直是中国革命的基本问题。在新中国社会主义革命、建设和改革开放过程中，土地问题是在人多地少的基本国情下维护社会稳定、经济发展的基础问题。在新时代中国特色社会主义发展中，土地问题是加快推进新型工业化、信息化、城镇化、农业现代化"四化同步"发展、实施乡村振兴战略的前提。因此，"确实权、颁铁证"的农地确权呈现的确权模式的区域异质性，正反映了土地问题在我国的极端复杂性和重要性。

我们已经在前述内容中论述了农地确权的背景和深远意义。确权模式的异质性在一定程度上具象化了"三农"问题在当前的现状和今后的演变方向。

农地确权模式的区域异质性，说明在新时代中国特色社会主义建设中，新的土地问题解决策略也将呈现区域异质性；不同区域的农业现代化模式也将呈现区域异质性；乡村振兴路径也将呈现区域异质性。

当然，正是由于农地问题的复杂性，确权模式就不可能千篇一律。在本课题组的调研过程中，在与不同人员的座谈与交流中，不同的人对农地确权问题都有着不同的看法，尤其是牵涉到人们的权利与利益问题时，不同的诉求显露无遗。

第七章
粮食主产区农地确权的实践偏误及确权模式优化

在第六章中，我们对农地确权模式的区域异质性进行了分析，确权模式的区域异质性反映了土地问题在我国的极端复杂性和重要性。正因如此，农地确权的具体实践与试图解决问题的预期结果相比会出现不同效果，我们姑且称之为农地确权的"实践偏误"。不论出现什么样的实践偏误，与预想的政策目标或农民意愿相比，都是各方不愿看到或努力避免、力图解决的。

粮食主产区农地确权过程中产生了一些实践偏误，这说明，预设效果应该随社会经济实践多样性而改变或得到互动优化。这进一步说明，没有哪种确权模式一定是最优的或不可改变的。

因此，农地确权模式需要持续优化，而这种优化也必须紧密联系具体情况来确定，因地制宜探索优化路径，为各地农村土地制度深化改革打下坚实基础，更好地促进农业农村现代化发展和乡村振兴。

第一节 粮食主产区农地确权的实践偏误

农地确权是对农村土地权利确认的过程，是一项符合农村经济发展

第七章 粮食主产区农地确权的实践偏误及确权模式优化

大势的基础性工作，而农地确权模式又是土地生产关系和区域经济发展动态匹配的结果（杨宏力，2018）。前述已表明，在我国粮食主产区的13个省（区）内，不同地区实施的确权模式有所偏重，总体上表现为以确权确地模式为主、以确权不确地模式（主要是确权确股不确地）为辅。农地确权形成了在不违背政策原则基础上的多种确权模式并行的格局，但同时也引发农地确权"次生问题"，即农地确权实践偏误。

一 农地确权政策预期目标

2014年中央一号文件提出"可以确权确地，也可以确权确股不确地"两种基本确权模式。2015年中央一号文件再次指出，要"引导农村产权流转交易市场健康发展"，做好承包土地的经营权抵押担保贷款工作以增添农村发展活力。在推进农村集体产权制度改革过程中，2015年2月发布的《中共中央 国务院关于加大改革创新力度加快农业现代化建设的若干意见》指出，要做到明晰农地产权归属，引导农地承包经营权流转。2016年12月印发的《中共中央 国务院关于稳步推进农村集体产权制度改革的意见》强调，"在继续按照党中央、国务院已有部署抓好集体土地等资源性资产确权登记颁证，建立健全集体公益设施等非经营性资产统一运行管护机制的基础上""着力推进经营性资产确权到户和股份合作制改革"。这些都充分体现了政府通过农地确权要达到的基本预期目标是：明晰农地产权，切实维护农民合法权益，推进农地制度改革，实现农业农村现代化。同时，随着国家整体发展，政府进一步通过农地流转和农地抵押质押等形式，焕发农地活力，积极增加农民财产性收入，让广大农民分享改革发展成果，全面实施乡村振兴战略。

二 农地确权模式的实践偏误表现

结合其他粮食主产区实践，本课题组主要在河南省实地调研发现，确权确地模式在确权满意度、农地流转市场供需匹配及农地抵押等土地金融参与度方面有一定的积极作用，但仍然存有实践偏误，而区域特征明显的确权不确地模式践行量不多，且在确权满意度、农地流转等方面与确权确地模式的实践偏误类似，故不再赘述。农地确权的实践偏误可以总结如下。

1. 农民对农地确权并非都有较高的满意度

农地确权，旨在满足农民需求，保障土地权利人的合法权益。但在实践中发现，农民对农地确权并非都有较高的满意度。在调查山东、江苏、安徽和江西的部分确权试点后发现，农民对确权满意度评价高于一般水平，但仍有提升空间（张雷等，2017）；农民对确权不确地模式的满意度不够高（张雷等，2015）。本课题组在对河南省 HB 市 X 县 XH 镇 DZ 村的调研中发现，该村部分农民对确权确地模式的满意度不高。进一步深入访谈了解发现，主要有以下两大方面的原因。一是信息不对称。在多数地区，第一轮承包所分土地在第二轮承包顺延后，除部分被调整外，大多数土地未被调整。农地分散化增加了农户耕种的时间成本和作业成本，部分农户私自调地，却未及时更新登记账簿相关信息。在确权过程中，部分农户未及时参与、确权工作的中标公司实际操作中缺乏对农村土地性质的了解、相关确权具体措施不健全以及各地情况的复杂性，导致确权后出现缺地、少地、四至不符及人名不符等信息不对称问题且后期难以解决，导致土地"多的不吐，少的难补"的现状且难以调和。二是确权服务不到位。在农地确权前期，宣传力度不足，农户对土地确权一知半解，对由确权带来的承包经营权"三权分置"等具体内容的改变及确权成果实践知之不深，导致部分农户参与确权的积极性不高。在确权后期，因确权过程中耗费人力、物力、财力较多，在确权工作基本结束后，确权误差更改成本高、部分工作人员不作为等，导致确权过程中出现的误差难以被解决，纠纷难以得到调和。种种原因综合作用，在一定程度上损害了相关农户的农地产权的合法权益，导致农户对确权满意度不高。

2. 农地流转市场供需匹配度不高

受农地细碎化、分散化的制约，农地确权在于唤醒沉睡的农地资产,通过农地流转促使农地供求双方达到均衡状态,推动农业规模化经营。但在实践中发现,农地流转的实施状况与预期有偏差,且在确权确地模式下,这种情况较多。普遍表现为:农地确权在农业特色明显的地区能较快加速农地流转,在其他地区确权对农地流转的影响效果不显著。总体上看,流转中的土地资源的市场供需匹配度不高,农地流转实施进程缓慢。产生这一现象可能有以下三方面原因。

(1) 农地转出无门。在调研中发现,现今农村从业人口结构老龄化。在农地确权后,因农业种植收益低的压力及入城与儿女共享天伦的畅想,部分农民渴望流转农地,实现土地收益的可持续性。但受地区经济发展水平所限,农地流转中介匮乏、平台滞后,"预流转地"成为农户进城的绊脚石。

(2) 农地转入无路。随着农村人口的增多,农村人地矛盾愈发凸显。调研中发现,确权后,受教育程度、城市用工年龄的限制而返乡务农的农民工和无地少地的农民倾向于流转获得土地,以便进行规模化作业、创造经济效益。但他们缺乏农地流转的"牵线人",信息不通畅,对农地流转信息的捕获存在时滞,致使农地流入度不足,农地市场需求的饱和度较低。

(3) 农户参与流转积极性有待提高。稻季农田撂荒、麦季农田撂荒等农地荒废、撂荒的现象屡见不鲜,这可能与农户对农地流转的积极性不高有关系。究其原因,可能与"土地是农民的命根子"这一观念有关,也与农村社会保障不到位、农民子女代际问题,以及农民对土地流转后回收的相关法律的信任危机有关,这些也说明了农民对土地流转的收益不足以抵消(或差太远)其老年生活的机会成本问题。种种迹象表明,农地确权在一定程度上促进农地流转,但受农地流转平台等中介匮乏限制、土地市场原承包户和农地转入主体方信息不对称、农户参与流转积极性不高等影响,农地流转市场供需匹配度未达到均衡状态。

3. 农地抵押等土地金融参与度不高

随着乡村振兴战略的提出和农业现代化水平的提高,农民在生产和生活方面对资金的需求增加。农地确权后，明晰的农地产权抵押为农村金融服务拓展了新的融资方式（李晨曦，2015）。为破解农民融资难的问题，粮食主产区多地开展推进农村金融改革试点工作。但在各确权模式中普遍存在农户和新型农业经营主体对农地抵押等土地金融参与度不高的问题。研究发现，不健全的产权评估机制和不统一的产权交易平台，是农户对农地承包经营权抵押的积极性由高涨逐渐走向衰落的原因之一（宋保胜，2012）。除此之外，实际调研发现，受农业收入占农民总收入比例较高和农业生产风险性较高影响，大部分农户对土地经营的依赖性减弱，对土地承包经营权抵押贷款既不了解，也无意参与。这可能受以下两方面的影响。第一，对农地抵押认识度有限。农地确权通过将土地承包经营权物权化，以解决农地利用效率问题。确权后的土地承包方享有土地的使用权、收益权、继承权及其他项权利。但现实中多数农户对农地确权的含义、承包户自身拥有的权利及权利的实施不了解。对于新兴的农地抵押更是抱有怀疑的态度。第二，受农户抵押意愿影响。农户抵押意愿不高不仅受对农地抵押政策的认知、信贷经历等影响，还受个体农户的资金困难、户均拥有农地面积小、非农收入占比低以及农业投资收益率低等影响。此外，农地抵押后的违约风险以及由此引致的农地回收困难甚至失去土地的情况使农户感到恐慌。总之，农户对农地抵押贷款需求不足，对农地抵押参与度不够。

受我国地理差异化和风俗文化多元化的影响，不同区域的确权政策在执行时间、力度、方式及内容方面存在较大差异，所以不难理解，在确权实施过程中，不同的具体实践与所期望的效果有偏差。农地确权在一定程度上有助于加速农地流转、推动耕种规模化和农用性资金便利化，但由于基层组织服务能力低、农地流转平台和产权评估机制不健全、部分地区规模经济不显著及农业金融产品与服务的欠缺等，确权成果的转化受到一定制约。

第七章　粮食主产区农地确权的实践偏误及确权模式优化

第二节　粮食主产区农地确权的模式优化基础

农地确权以颁发"铁证"的形式来增强和维护农民承包地的合法权益。农地确权模式选择既是基于各地不同的社会经济情况，又对不同区域未来的农地经营模式和经营业态的形成具有持久影响。所以，农地确权要符合国家大政方针，更要鼓励因地制宜，在稳定承包权的基础上探索多种模式，有效放活农地经营权，创造经济效益。为了充分放活农地市场，实现土地要素有序流动，需要发挥多种确权模式的适应性和积极性，并对农地确权成果进行充分谋划和精细管理。因此，需要根据已有确权实践和经济社会发展变化情况，进一步巩固粮食主产区农地确权模式优化基础，消减已出现的部分确权实践偏误，可以从国家、地方政府和农户层面分别进行重点突破。

一　国家层面：持续推进农地权利创新

1. 释放确权成果正向效应，创新农村产业融合，全面推进农业现代化

农地确权是一项浩大的工程，全国各地已经取得了一系列确权成果和农地权利确权经验，其影响持续而深远，这必将从土地权利方面对我国农业现代化进程产生基础性影响。因此，在国家层面要消减确权偏误，就是要重视农地确权后向性发展，充分利用确权成果和经验，释放确权成果的正向效应，推进农村"一二三产业融合"创新实践、推进农业现代化生产和经营模式探索，千方百计补足农业现代化中的短板。

2. 持续推进农地制度改革，创新农地权利，细化改革政策

国家不仅要对农地确权后续管理工作予以政策引导，在考虑到不同区域的确权模式存在差异的情况下，鼓励地方因地制宜切实解决农地确权的遗留问题，并重视预防不同地区出现类似的问题以持续提高确权满意度。当前，在加快推进以"三权分置"为代表的农地制度改革进程

中，应注重从顶层设计角度创新农地权利以及给予切实的相关法律法规保障。适时出台相关政策鼓励社会资本流向农业农村，扶持新型农业经营主体规模化经营以发展地方特色经济，加速农地流转、农地抵押等成果转化。

3. 充分利用信息技术创新，助力乡村全面振兴

在信息技术飞速发展过程中，积极将信息技术创新、数字技术运用于农地确权成果的推广中，促使农业农村新产品、新模式、新业态持续创新发展。如以"数字乡村"建设激发乡村振兴新动能，在实施以"数字经济＋乡村发展"为核心内容的数字乡村发展中为乡村振兴提供新的内生动力，同时，进一步创新农村产业融合模式和探索相关实施路径。

二 地方政府层面：因地制宜持续释放确权红利

1. 保障农地权利、化解争端分歧，提高农户农地确权满意度

地方政府不仅要率先解决现存的确权难题，妥善化解矛盾纠纷，如积极与问题农户对接，及时准确地为农民解决确权误差等问题，保障农户农地产权基本权益，还要重视因为时滞而暗藏的农地边界及流转后土地回收的隐性确权问题。总之，由于存在确权模式的差异，各地要因地制宜，分类推动因地域、政策等不同而产生的农地确权争端或分歧逐渐在发展中得到解决，保障农户农地产权的合法权益，进而加速推动农业农村现代化进程。

2. 鼓励平台建构，精准及时扩散或畅通相关农地信息

在农地确权成果转化中，也存在农地流转市场供需匹配度及农地抵押参与度问题，这皆与信息不对称有关。地方应鼓励、动员相关部门构建农地信息平台，促进农地市场供需双方及时有效衔接。如通过增设固定、透明、不断优化升级的流转平台（智能手机版＋网页版）以对接农地市场供需双方，清晰化农地流转脉络，便于农户通过透明化的流程追根溯源，回收流转出的农地，确保其农地相关权益不受损。

第七章　粮食主产区农地确权的实践偏误及确权模式优化

3. 划定不同产权示范区，鼓励、支持、引导产权交易实践化

部分地区在推进农地确权时，存在前期宣传不到位、中期执行欠缺或有偏差、后期实践力度弱的问题，导致农地流转市场供需匹配度和农地抵押等土地金融参与度不高。为化解这种偏误，在农地确权成果转化进程缓慢的地区，应规划建立示范园区，积极组织动员农户，推进确权农地规模流转、抵押、入股等，鼓励示范区创新"三权分置"实践。

4. 提供高品质的农村公共化服务，重视农民社会保障问题

在农地确权颁证工作基本完成的大环境下，从农地流转和农地承包经营权抵押贷款的试点中发现，农户的积极性和参与意愿对农地确权后的成果转化有深远影响。归根结底，农地关系稳定性和农户的农业生产积极性与不确定的农地升值潜力、额度较低的农村"养老保险"、风险攸关的农地回流等情况都密切相关。地方各级政府应在现有的社会保障和农地补贴等基础上，切实转化政府职能，制定实施相关政策措施，继续优化和提升农村公共服务质量，将服务送到"田间炕头"，为农民后续的生存、生活提供超乎农地所能承担的相应保障，解决农民的后顾之忧，提升农民的幸福感。

三　农户层面：保障自身权利，获得利益提升

1. 主动反映相关确权问题和具体合理诉求

农地问题关乎农民的切身权益。土地纠纷在土地权属逐渐明确清晰的过程中也一直存在，不可能一次性得到完全解决。个体农民应实事求是向有关农业部门反映，及时通过正规渠道合法表达合理诉求，坚定维护自身合法权益，达到农地数目明确、边界清晰、确权证书无误的目的，以提高其确权满意度。

2. 秉持农地收益最大化原则，主动参与农地流转，合法获得财产性收入

随着现代化农业的发展，以家庭联产承包责任制为主的个体农户经营模式不一定能持续适应农业发展大环境或发展趋势，职业农民、农业

技术公司、合作社等新型农业经营主体逐渐成为现代化农业的支柱，适度规模化农业经营是大势所趋。因此，在区域确权模式有差异的情况下，个体农户要积极在农地入股、流转、租赁等农地经营方式中做出利益最大化的选择，为农地流转市场的发展注入活力。

3. 多渠道及时提供或获取农地利用和流转信息

现行的农地流转多是在村庄内部的熟人之间的信息传递或权利交易，农地供需双方的信息不对称。因此，个体农户要及时综合利用熟人传递、正规流转平台等多种渠道，增加农地流转信息扩散力度，广开农地流转之门。农户应积极学习和利用现代信息技术，融入各类农村经济社会发展平台中，提供或获取各类土地权利交易信息。

4. 依法维护自身权益，保持农业生产积极性

在获得农村土地承包经营权证书后，农户应理性对待土地权益纠纷或矛盾，及时行使自身权利，积极运用法律武器努力维护"铁证"赋予自己的农地权益。农户应积极配合相关部门或主动申报，用准、用活、用足相关土地政策或农业生产优惠政策，强化自身在农业生产中的主体作用，清除"等、靠、要"的消极心态，以农业生产积极性获取自身权益。

5. 合理配置资源，在积极参与集体经济活动中增加收入

农地确权后，由于明晰了土地产权、手中有了农地承包经营权证书，农民更放心从土地中获得对应收益，这样，农户就可以根据自家条件配置资源，如进行投资或改变农业生产方式（增加农业生产投资或进行其他产业投资）、进行劳动力配置（包括投入农业生产的时间、外出打工时间、是否间歇返乡从事农业生产以及长期进入城市生活工作等）、进行土地配置（如是否流转土地、是否改变种植结构等）。同时，农户依据有保障的土地权利积极参与集体经济活动或加入集体经济组织。农户通过积极采取以上各类活动，有效优化资源配置，增加收入。

综上，在积极推进农地制度持续创新大趋势下，国家应因地制宜优化确权模式，优先解决农地确权的遗留问题，并依托各地已有确权模式

特征，将确权成果转化为现代农业农村社会经济实践发展需要，助推乡村振兴战略的深入实施。

第三节　粮食主产区农地确权的模式优化逻辑

从前述已知，农地确权不仅是简单颁发农地承包经营权证书，而且与具体地域土地特征相关，也与国家法律法规及其地域的具体执行、乡村治理、乡规民约历史演化、确权直接成本、农民的认知等密切关联。因此，还必须在上述分析的基础上厘清农地确权模式优化逻辑。

也有研究认为，农村土地归集体所有而具有公共物品性质导致农地确权模式不能突破集体所有的底线（杜奋根，2017），"准私有产权"形式的农村土地家庭承包经营制度使确权到户模式更符合实际（罗必良，2016），土地共有产权强度决定了农地确权的模式选择（罗明忠、唐超，2018），因此，农地确权最好应事前评估当地条件以辅助确权决策，提高地方政府、基层社区的自主权和集体经济组织成员认可度，并鼓励多元确权模式创新和改革实践规律总结（胡依洁、丰雷，2019）。上述研究固然指出了确权模式选择的部分特征，但是，本课题组认为，由于农地确权的复杂性，只有综合考虑多方面因素，才能更好地做好后续确权模式优化工作。考虑多方面因素，应先厘清确权模式优化逻辑。我们知道，农地确权的根本目的是对农民"还权赋能"，维护农民权益，进一步推进农地制度改革，更有利于促进农业农村现代化发展和乡村振兴。基于此，农地确权的模式优化逻辑应从区域经济发展水平、耕地特征与质量、乡村治理状况、乡规民约演变等多方面寻找，不能仅关注已有正式制度的作用，还需强调非正式制度（如农民认知、乡规民约等软性环境条件）的作用，对于广大粮食主产区尤其如此。

将多因素进行集中分类总结，我们认为农地确权的模式选择在实践上涉及主体（农民）、对象（土地）、关系（组织）、环境（条件）四大方面。粮食主产区农地确权的模式优化逻辑如图 7-1 所示。

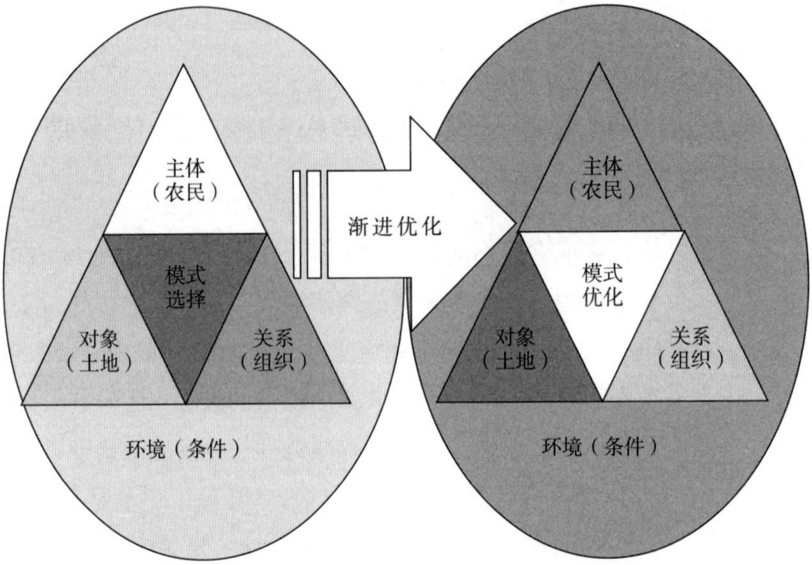

图 7-1 粮食主产区农地确权的模式优化逻辑示意

模式优化逻辑的进一步说明如下。

（1）条件演变是基础。农地确权的模式选择与优化是在中国特定政治经济社会环境条件下进行的，条件演变既包括有关"三农"的法律法规等正式制度的修订与完善，也包括农民认知和乡规民约等非正式制度的变化。环境条件不同导致模式选择存在区域异质性，模式优化同样与环境演变紧密相连。

（2）主体利益变化是动力。农地确权的模式选择与优化动力来源于主体（农民）利益获得的方式与大小。其中，从事农业生产经营获取利益的方式和大小及其与从事非农产业获取利益的方式和大小之间的比较至关重要，或许有两种趋势，即差异性越大而优化的动力越强（从事农业的人口多、非农收益的比例小的区域，可能多为粮食主产区）和差异性越大而优化的动力越弱（从事农业的人口少、非农收益的比例大的区域，可能多为经济发达的沿海地区）。

（3）土地变化是辅助。地力变化或区域耕地肥力改良情况变化或因农业产业融合变革带来土地用途方式变化，这些都可能引发农地确权的模式优化需求。当然，特定条件下土地用途方式的巨大变化可能演变为要求模式优化的主动力。

（4）关系变化、组织治理变革是支撑。乡村治理模式的改变与治理水平的提升，在城镇化、现代化进程中促成的农村移风易俗，乡规民约演化带来农村集体经济组织管理模式的变革，农户思维观念变化引发对土地态度的改变等，这些因素不仅使农村居民处理社会经济关系的方式发生变革，也会促使农户要求对土地关系进行精细化改变。

（5）渐变性是确权模式优化的长期性特征和过程性特征。农地确权的模式优化是一个渐进演变、优化的过程。这一过程是上述各方面相互作用的结果，单方面的因素很难快速改变农地确权方式与效果。这也从一个方面反映了农地制度改革的复杂性。

总之，粮食主产区农地确权的模式优化逻辑纷繁复杂，牵涉范围与因素很多，图7-1只是一个简洁的静态示意，图中颜色深浅变化表明各方面因素的影响作用随经济社会变迁而变化，环境（条件）颜色变深表示其不断得到改善，对农地权利的影响作用增大，主体（农民）与对象（土地）颜色加重说明粮食主产区更加注重农民主体性作用和土地要素与财产性动能。当然，示意图很难全面反映多方面因素互动激发作用下的机制或关系，但基本反映了粮食主产区农地确权的模式优化逻辑，为我们提供了一个形象的逻辑关系分析依托。

第四节　粮食主产区农地确权的模式优化路径

前面已述，农地确权的根本目的是赋予农民更多财产权利即对农民"还权赋能"，更好地保护农民权益，为"三农"更快更好的发展提供土地制度基础。农地确权有利于进一步推进农地制度改革，更有利于促进农业农村现代化发展和乡村振兴。

因此，可从粮食主产区农地确权的模式优化逻辑探寻优化路径。

一 改善环境条件，探寻农地确权的模式优化框架

任何制度变迁或政策实施都是在一定环境条件下进行的。农地确权模式优化是一种政策组合方式优化，也是具体制度安排随着环境条件变化逐渐进行演化、调整的过程。因此，尽管农地确权发证工作已经结束，但是"民族要复兴，乡村必振兴"，农村工作始终是我国现代化发展中的重点难点。从农地确权模式优化角度出发，针对各个层面或相关领域、相关主体或沟通实施渠道的环境条件，应准确把握、有序推进。

（1）相关领域角度。①政治领域。坚决守住"四个不能"底线，准确把握推进模式优化的方向和导向，持续确保农地确权后续工作开展和农地制度改革稳步推进。②经济领域。适时给予一定经济支持，不能因确权发证工作结束就对其不再关注，可以通过关联活动的投入进行支持。③社会领域。在社会治理和乡村振兴过程中，注重公平，保障每一个农民（或农户）的土地权利，在促进权利平等和激励经济发展中宣传、说服，协调利益，促进社会优化进步。④生态领域。注重生态环境理念的宣传、相关政策措施的落地实施、相关利益的平衡和保障等。

（2）相关主体角度。相关主体包括上级政府、基层组织、相关社团、企业、农户等。中央层面应把握政治导向、方针和进行监察督导；地方政府应进行相关工作的联系指导；基层政府在操作上应积极支持与协调；社团组织或中介应建立信息沟通渠道和进行平台服务支持；涉及"三农"的企业应明晰相关法规政策，不越底线、不违约；农户应积极主动沟通反馈信息和相关意愿，适时表达利益诉求，形成和提出确权模式优化的一线意向、可行方式和有效操作路径等。

（3）沟通实施渠道角度。如在数字乡村建设中积极推进建立信息沟通渠道和服务平台，保障有组织（或中介、平台）、有人员运营管理、有经济来源、有实效，多渠道沟通意见，体现利益诉求。

二 增强农民主体性,激发农地确权模式优化的主动力

中央多次强调"解决好'三农'问题作为全党工作重中之重"。农民是农业农村现代化的主体,因此,增强农民主体性是加快实现农业农村现代化的首要任务。农地确权模式优化,归根到底是调整和确定农民的权利,应尊重农民主体地位和首创精神,杜绝"政府干、村民看"现象,激发农地确权模式优化的主动力。

(1)借鉴脱贫攻坚战中"扶贫先扶志,扶贫必扶智"经验,培养农民主体性意识,配合权利保障措施,激发农民热情,让农民主动关心和投入精力到农地确权模式优化中去。

(2)多听取和尊重农民意见。通过会议、信息平台、调查、座谈会、汇报等多种方式,地方政府与农民进行双向和多向沟通、交流,保障农民的合法权益,让农民感知自己的合理意见得到尊重和采纳。

(3)创新农民参与方式,增强农民参与度。不断增强农民的参与意愿,应将农民集体纳入相关模式优化的沟通体系中去,鼓励农民参与农地确权模式的优化设计和农地权利实现的监管。

(4)培育农民的专业素养。较高的素质和能力是充分发挥农民主体性的基础。政府部门应根据农民的具体需要有针对性地对其进行培训,创新培养形式,不仅培训在乡农民,还要吸引更多专业人才返乡或进入乡村进行农业建设。在此过程中,政府应持续关注农地确权模式优化,发挥农民的主动性,不断创新思路和优化具体措施。

三 创新乡村治理,共谋农地确权模式优化策略

中国乡村治理现代化是推动乡村振兴、实现农村现代化的重要内容。农地确权模式优化是农村利益调整的重要方面。因此,创新乡村治理方式,让农民自主治理、民主管理,发挥农民的积极性和主动性,提出具体优化策略,这是促进农地确权模式优化的组织保障。

坚持党的领导与尊重农民主体地位相结合,加强农村基层民主建

设。特别是充分发挥各类基层组织骨干成员、"新乡贤"的影响作用，利用他们的人脉、知识、名望、资源、技术等，打破利益冲突或纠正政策措施的实践偏误，从利益协调、实际操作等方面促进形成更多更有效的农地确权模式优化策略。

四 改良土地和综合利用农业资源，支撑农地确权模式优化的增益

土地、水资源等是农业发展的基本资源。农地确权牵涉土地位置、面积，也与土地质量密切相关。很多地方都根据土地质量进行土地分配或确权，地块位置好、土质良好的耕地更有利于提高农业生产效益。因此，改良土地和综合利用农业资源能够切实支撑农地确权模式优化的增益。

土地改良和农业资源综合利用不仅能够提高农民生产收益，也能够促进农业生产经营方式的转变。

（1）推进土地改良和农业资源综合利用工作。积极推进土地整理、土壤改良工作，鼓励农民积极参与，遏制土地退化现象；调整和协调农民的土地利益，提高确权模式优化的预期增益，推进农民参与确权模式优化的进程。

（2）建立土地改良和农业资源综合利用的渠道（组织或中介）。土地改良和农业资源综合利用的渠道一旦建立，可提高农民获取土地利益的效率，为农地确权模式优化提供更多收益可能，也即为模式优化创造了更多条件，农民就可及时捕捉模式优化机会。

五 保障国家粮食安全，强调农地确权模式优化目标

国家粮食安全战略的重要保障来自粮食主产区粮食产量，这是我国经济社会安全稳定的基石。粮食主产区农地的使用应始终以保障国家粮食安全为目标。因此，粮食主产区农地确权的模式优化也应坚持这一目标。

第七章　粮食主产区农地确权的实践偏误及确权模式优化

（1）杜绝耕地闲置撂荒，坚决遏制农地"非农化""非粮化"势头。农地确权保障了农民的土地权利，可能会促使农民为维护土地权利投入更大努力，同时也可能导致农民为追求非农产业的高收益而出现耕地闲置撂荒或耕地"非农化""非粮化"现象。因此，坚持执行《国务院办公厅关于坚决制止耕地"非农化"行为的通知》《国务院办公厅关于防止耕地"非粮化"稳定粮食生产的意见》等有关文件规定，有组织，有监督，有检查，促使耕地被用于粮食生产，特别是主粮生产。

（2）千方百计激励农民使用良种种粮。运用农地确权成果，确定和保持农地类型，宣传、鼓励、扶植、优惠支持农民使用良种，扎实实施《国务院关于建立粮食生产功能区和重要农产品生产保护区的指导意见》，推进"建设国家粮食安全产业带"。从良种、耕种面积、农地确权数据使用上激发农民种粮积极性，增强农民种粮的利益动力，提高种粮效率，有效保障国家粮食安全。

（3）根据农地确权数据和信息平台信息，推动农地适度规模经营。由于我国农户大多数是小规模生产，地域分布分散，适时推动农地适度规模经营，实行机械化、工业化、规模化生产，提高粮食生产效益，并有效配合农业政策，提高种粮农民补贴，让种粮有合理收益。

（4）充分发挥农地确权正向效应，灵活提高农民对土地投资的积极性。农地确权后增强了农民对土地的主体性意识，农民的土地产权被强化，但多种研究也表明，地权稳定性的提高并不能必然促进农民对土地投资热情的提高或投资的增加。因此，因地制宜，根据区域特性充分利用农地确权成果，发挥农地确权正向效应，激发农民投资热情，改良土壤、整理土地，提高土地质量，保障粮食生产，稳步提升粮食产量和质量。

第八章
粮食主产区农地确权的政策建议

农地确权是农村土地制度改革的重要举措,为农业农村长远发展打下坚实的制度基础。在粮食主产区完成农地确权工作之后,要在坚持推进土地制度改革,维护"四个不能"底线的基础上,继续强化农民的土地权益,保持土地承包关系稳定并长久不变,更好地保障国家粮食安全、稳定农业生产和促进乡村振兴。因此,农地确权成果不仅直接体现在准确、完整、及时发放农村土地承包经营权证书上,还要妥善化解各类土地矛盾纠纷,积极促进确权红利持续释放,实现确权经济效益和社会效益最大化,持续推动粮食主产区农地制度改革如推进"三权分置"改革、创新农村土地承包经营权自愿有偿退出机制等,推进农业农村全面发展。

第一节 充分运用农地确权成果,优化农村合作金融

一 推进以农地确权证书为抵押品和担保品的贷款产品创新

目前,农村地区贷款申请人仍然具有抵押品不足的特点,这在客观上降低了金融机构对其放贷的安全性评级,而事后信息不对称又会导致

借款人的道德风险难以有效防治。农地确权证书为这类问题的解决提供了可能。虽然偏远地区的农村农地确权证书的市场交易价值有限,可能无法足额补偿贷款资金,但是,证书所蕴含的特殊功能却对证书拥有人具有极大的经济价值。在我国城乡发展还存在较大差距、农民养老和社保还远落后于城市居民的背景下,代表农地权利的农地确权证书对农民而言就承担着相应的社保功能和养老功能,具有难以替代的经济价值。因此,以农地确权证书为担保,可以有效引导贷款申请人规范使用贷款资金,并按期还款。

《国务院关于全国农村承包土地的经营权和农民住房财产权抵押贷款试点情况的总结报告》中指出,到2018年9月末,已有1193家金融机构开办农地抵押贷款业务,抵押贷款模式创新出"'两权'为单一抵押"、"'两权'+多种经营权组合抵押"、"'两权'+农业设施权证"和"农户联保+'两权'反担保"等模式,232个试点区累计发放964亿元贷款。

二 创新服务农村农业的各类金融机构,盘活农地资源,促进农村发展

小型金融机构在利用私人信息投放信用贷款方面具有比较优势。在农村地区设立或成立主要为当地农民、农业和农村经济发展提供金融服务的各类小型金融机构可以为盘活农地资源提供机会。粮食主产区农地确权后,在短期内农村居民的收入不可能大幅度增加,大型金融机构面临的信息障碍使其只能持续使用抵押担保型贷款技术。一方面,破解农村居民的信贷约束是增加农民收入、缩小城乡差距、实现共同富裕的内在要求;另一方面,农民生产性贷款也有较高的利润率和较高的贷款利率承受能力,这也是金融机构可待发掘的商业蓝海。只要破除信息障碍造成的逆向选择和道德风险问题,金融机构就可以在这一长尾领域获得丰厚回报,实现双赢。立足于县域发展的贷款公司、农村资金互助社等在利用私人信息方面具有显著的比较优势。但是,一方面,受制于贷款

利率较低，这些小型金融机构的利润率缺乏足够吸引力；另一方面，相关政策的严格限定打击了更具竞争优势的民间资本，这导致一些服务于农村农业的小型金融机构发展速度不仅远远落后于小贷公司，同时也远未达到管理层的设计目标。在农地确权的基础上，如果可以进一步进行金融创新，引入更熟悉地方情况的区域性民间资本，盘活农地资源，同时，较大程度地保持存贷款利率的灵活性，那么，就可能为服务农村农业的各类金融机构的发展提供更大空间，从而有利于破解农村地区的信贷配给难题。

三 完善农村地区法治建设，规范小贷公司的发展

民间资本的主导性进入和贷款利率的柔性管理促进了小贷公司的快速发展。但不可忽视的是，由于粮食主产区的法治建设不完善和滞后以及金融监管不及时，小贷公司在经营过程中出现了大量违规行为，这也是近几年政府金融监管部门刻意抑制其发展速度的重要原因之一。农地确权证书发放后，不可避免地会被引入小贷公司的贷款程序中，如果不能加强法治建设，那么很可能会发生侵害农地确权证书持有人权益的事件。

第二节 充分利用农地确权机制措施，提高农村合作社发展绩效

一 鼓励以确权证书为抵押品的农村金融产品创新，破解合作社贷款难题

贷款难已成为多数农村合作社发展中遭遇的主要瓶颈，限制了农村合作社的快速发展。粮食主产区农地确权证书的颁发有助于破解这一难题，金融机构以相关证书为抵押品发放小额度贷款，借助此权利束隐含的社保功能和养老功能，可对借款人形成可置信威胁，从而有效约束借

款人事后的道德风险问题，有效降低不良贷款率。

二 提升合作社经营质量，严防确权证书被滥用风险

我国粮食主产区急速增加的农村合作社中存在一些以套取财政补贴为目的的农村合作社，不少农民在不清楚合作社社员权利和义务的条件下被动入社，一旦要大规模地清理不合格农村合作社，这部分农村居民的权益就可能遭受较大的损失。因此，粮食主产区可通过普及宣传农村合作社社员的权利与义务，促使合作社健康发展，降低其经营风险。

第三节 提升农地利用效率，促进农业生产劳动者收入提高

一 推动土地流转，促进土地规模化经营

通过土地流转，粮食主产区实现农业用地的适度集中，这是大幅增加农业劳动者收入的前提条件，是把农业劳动打造成有吸引力的就业岗位的必要条件，但是现阶段河南省农村的土地流转并没有达到预期的规模，还存在诸多亟须改进的地方。

1. 农业补贴应向土地最终使用者转移

现阶段采用的农业补贴多数属于脱钩补贴类型，直接发放给了土地的名义使用者。不管有没有使用土地进行农业生产，农民都可根据对土地的名义使用权获得一定数量的农业补贴，没起到直接鼓励粮食主产区农业生产行为的作用，在实践中不利于土地流转，应消除此类障碍。

2. 大力规范土地流转合同，消除障碍，促进土地流转的批量化、规模化发展

规范的土地流转合同的欠缺阻碍了土地流转的批量化发展。粮食主产区农村土地仍具有一定程度的社保功能，这是目前大量土地撂荒而没有流转的重要原因。由于担心流转后的土地无法顺利从流入户赎回（尤

其对非亲友），大量农民理性地选择撂荒行为，以确保需要时可主动掌握这种社保资产。河南省耕地面积在2016年末为12166.995万亩，实际耕地使用面积为11094.039万亩，2016年末未使用耕地面积达到1072.956万亩。因此，如果政府出面提供具有法律保障的制式合同，就可以扩大土地流转规模及范围。

3. 鼓励成立土地流转合作社，成规模地向种粮大户或企业供给农用地

粮食主产区规模化的土地供给可以降低土地流转的交易成本，促进交易频率增加。《河南省第三次全国农业普查主要数据公报（第一号）》数据显示，河南省共有农业经营户1844.68万户，农业生产经营人员达3251.49万人，规模经营户只有27.09万户（78.57万人），占比为1.47%（2.42%），农民合作社总数13.95万个，农业经营单位12.42万个，这表明，河南省农户的集中生产程度处于较低水平。

二 提供面向农业劳动者的专业化技术培训和服务

粮食主产区农业生产规模化发展需要更多专业化技能，这是原有碎片化生产模式不具有的。规模化生产技能的缺失降低了农业劳动者的利润，降低了生产规模，因此，政府机构的公益化技能培训具有重要的生产功能。目前，规模农业经营户中从业人员具有大专及以上学历的人数占比仅为1.3%。而主要农作物的机器使用率已经较为普及，其中：小麦使用机器进行耕地、播种、收割的比例分别达到98.4%、95.1%和83.2%；玉米使用机器进行耕地、播种、收割的比例分别达到79.0%、93.2%和98.3%；稻谷使用机器进行耕种、收割的比例分别达到95.9%、94.3%。大规模机器的使用对劳动者教育水平提出了更高的要求。

调研数据显示，河南省农民平均收入低于全国平均水平，更远远低于经济发达地区，现阶段农民总收入的主要影响因素是工资性收入占比太低，同时，河南省作为重要的粮食生产核心区，担负着确保国家粮食安全的重任，这意味着河南省要确保足够的粮食生产用地。在这样的环

境约束下，提高农民收入需要三管齐下：①加快城镇化步伐，推动非农产业蓬勃发展，通过提高城镇化率，减少农民数量，从而提高实际从事农业生产的农民的人均土地使用量；②推进河南省农村地区的产业融合，发展农村地区的相关产业，吸引部分农民离土不离乡，进一步增加农业生产者的人均土地使用量；③促进土地流转，实现土地使用权的相对集中，同时强化职业农民的生产技能。三条途径相互依赖，相互作用，最终通过提高农民的劳动生产率，实现农民收入的增加，三条途径的顺利开展依赖相关政策的配合和改进。

第四节 提升新型农业经营主体培育效果

在粮食主产区总体完成农地确权大背景下，充分利用制度创新成果，全方位释放农地确权红利，为培育和扶植新型农业经营主体健康成长创造良好条件，激发其积极性和活力，多方面拓展和深化农地确权的正向效果。

一 增强政策的可操作性和稳定性

中央和地方政府在出台新型农业经营主体和服务主体的政策或方案时，可以针对粮食主产区增加区域、民族、业态具体环境对象，制定具有弹性的指标。例如，根据不同地区农地确权实际情况，在制定粮食主产区农地制度改革和新型农业经营主体培育政策时，一方面，要突出两种政策的区别；另一方面，要注意各种政策的衔接和有效评价。同时，要保持中央出台政策的宏观指导意义，还要与地方实际紧密结合。粮食主产区地方经济社会发展，不应只强调经济发展水平，社会发展指标也应被纳入其中，例如城乡居民居住和生活方式、收入结构、城镇化水平、流动性、农民参与能力和意愿等。

二 提升家庭农场、农村合作社和产业园的示范和带动功能

粮食主产区农地确权为农业多样化经营提供基础性制度保障。改革开放以来，随着市场多元化和农民流动性增强，一部分农民逐渐从农业中分化出来，从事工商业或其他非农产业，并成为当地的高收入群体。同时，有不少农户，在不同时期、阶段从事非农产业，农忙时从事农业或农业生产服务，逐渐成长为种植大户或养殖大户。但是，也有不少农业企业由城市人或返乡农民工创办或由农、林、牧、渔专业大学毕业生创办，与小农户沟通不够，属于不同的社会层级。因此，需要通过政府主导和社会舆论引导，吸收农地确权及其相关政策实施过程中的经验教训，多渠道、多方式增量支持一部分富裕起来的农户或农业从业者，尤其是经营良好的家庭农场、农村合作社经营管理者，提高他们与农民的沟通能力、和谐相处能力，更多发挥家庭农场、农村合作社和产业园的示范和带动作用。

三 通过征信体系拓展新型农业经营主体培育政策的价值

农地制度改革和新型农业经营主体培育，都是国家推进农业现代化、保障农产品安全、提升市场竞争力的有效手段。粮食主产区农地确权夯实了农地制度基础地位，通过新型经营主体和服务主体的培育教育活动，将相关政府部门领导、新型农业经营主体或服务主体法人或负责人紧密联系起来，建立有效的评价体系，甚至可以考虑引入第三方评价，借鉴建筑行业的审批终身负责制，加强项目审批管理和长期跟踪，保持农村土地、资金等国家资源利用的效率和效益，一旦发现违规或腐败问题，严惩不贷。

四 通过加快信息化建设提升新型农业经营主体培育质量

与城镇居民相比，粮食主产区农户整体收入水平不高，城乡差距和农村内部差异非常大，社会贫富差距有扩大趋势。但是，通过"村通

组、村村通、户户通"等工程，"扎实推进乡村建设，实施村庄基础设施建设工程"，包括"水利、道路、电网、物流、宽带网络、电气化"等，粮食主产区农村信息化水平得到大幅提升，为提升农民整体收入水平尤其是中低收入水平打下坚实基础。在完成脱贫攻坚战重大胜利后，积极加快实施《数字农业农村发展规划（2019—2025年）》，建设和应用农业自然资源大数据，如利用农地确权登记数据结合其他能源资源数据，形成基本地块权属、面积、空间分布、质量、种植类型等大数据。同时，农地确权后，保存和共享农地信息，加快提升农村信息化建设效果，从而提升新型农业经营主体的培育质量。

第五节 持续优化确权模式，推进农地产权制度创新

一 在城乡一体化发展中因地制宜释放农地确权红利

粮食主产区农地确权是从基础性制度角度保障农民利益、促进农业农村发展。因此，按照前述确权模式优化逻辑与路径，在城乡一体化发展中，根据粮食主产区的不同区域具体情况，鼓励农民的首创性，拓展思路，促进城乡要素市场相互平等融合，实现城乡居民基本权益均等化。通过土地银行建设、农村金融创新等，充分利用和灵活激发粮食主产区农地确权的综合红利，切实保障农民的农地利益，为农地产权制度创新奠定微观利益基础。

二 赋予农民更多土地资源综合效益就是保障农民利益

在相当长时期，农地资源始终是我国农业生产和农村发展的核心自然资源。随着现代农业深化和农村产业发展，通过土地整理和土壤改良等，粮食主产区农村土地资源综合效益也必将不断增大，在耕地保护、

占补平衡、利益补偿、生态宜居等方面，创新分配方式和集体组织形式，赋予农民更多土地资源综合效益，增加农民土地财产性收入，切实保障农民利益。

三 不断创新集体土地所有制在新时代的实现形式

农地确权为新时代持续推进粮食主产区农地产权制度改革强化了坚实基础。我国土地制度改革在坚持"四个不能"底线基础上，应适应新时代发展需要，充分尊重和发挥农民的积极性、创造性，实事求是，有序实施"三权分置"改革等，持续以农地产权制度不断创新和农业技术协调发展来稳定农业农村，促进农业产业融合长久稳步健康发展。粮食主产区在灵活应对国内外各类风险与挑战中，确保国家粮食安全、农村社会稳定、农业产业兴旺，全面实现乡村振兴。

简要结论

在新中国社会主义革命、建设和改革开放过程中以及在中国特色社会主义新时代发展中，解决好我国土地问题始终是社会经济发展的战略前提和基础性问题。粮食主产区农地确权为广大农民的土地"确实权、颁铁证"，强化了粮食主产区农民的土地权利，为加快推进新型工业化、信息化、城镇化、农业现代化"四化同步"发展，实施乡村振兴战略，促进城乡一体化发展等打下坚实的土地制度基础。

粮食主产区农地确权模式的区域异质性，反映了土地问题的极端复杂性和重要性，强化了农地确权工作的重要性。尤其是在当前国际上逆全球化声浪高涨、孤立主义和保守主义倾向抬头之际，百年未有之大变局加速演进，国际经济关系和发展安全动荡不定，粮食主产区农地确权工作对稳定我国农业农村社会发展、深刻认识和切实践行"确保粮食安全始终是治国理政的头等大事"，都具有现实意义和深远的历史意义。

农地确权工作获得了农民广泛和高度的认可，尤其是在粮食主产区得到普遍好评。确权红利在乡村振兴过程中也必将逐渐被释放，以创新促发展，农民在"四个不能"底线保障下通过不断创新集体土地所有制获得更多权益。

土地问题的极端复杂性和重要性也带来粮食主产区农地确权实践的偏误，存在矛盾与纠纷，但是，这些都可在农业产业不断发展中逐步得到调整和化解。不论是政府管理部门还是乡村治理集体和农民自身，都应密切关注农地确权的多重综合效应，依照确权模式优化逻辑与路径，秉持实事求是、面向未来的宗旨，公平公正保障农民利益，持续推进农地产权制度创新，保证农业现代化持续发展。

粮食主产区农地确权过程从总体上看波澜不惊，但其影响是"润物细无声"的，并且会随着社会发展进步逐渐得以呈现。因此，无论是政府部门、农民还是学界相关研究者，应密切交流，深刻研究和精准应对新型城镇化和城乡一体化融合进程中出现的问题，在粮食主产区稳定粮食生产、高效利用土地、增加农民收入、优化农村金融、培育新型农业经营主体、促进新时代农业合作经营、多渠道多策略促进农村产业兴旺等各方面加快进程、提质增效，与我国整体社会协同进步，尽快获得丰硕成果，加速实现乡村振兴，始终保障中国人要牢牢"把饭碗端在自己手上"，中国人的"饭碗要装自己的粮食"。

参考文献

中文文献：

1. 阿布都热合曼·阿布迪克然木、石晓平、饶芳萍、周月鹏、马贤磊，2020，《"三权分置"视域下产权完整性与安全性对农地流转的影响——基于农户产权认知视角》，《资源科学》第 9 期。

2. 安康，2019，《农村承包地确权改革现状及问题分析》，南京农业大学硕士学位论文。

3. 白小平，2016，《现阶段加快河南省镇平县土地流转的思考》，《北京农业》第 6 期。

4. 蔡超，2021，《"三权分置"还是"两权置换"？——城乡融合发展视域下的土地制度改革构想》，《西北农林科技大学学报》（社会科学版）第 1 期。

5. 蔡昉，2013，《中国经济增长如何转向全要素生产率驱动型》，《中国社会科学》第 1 期。

6. 蔡继明，2013，《农村建设用地流转模式的比较与选择》，《经济学动态》第 6 期。

7. 蔡洁、夏显力，2017，《农地确权真的可以促进农户农地流转吗？——基于关中—天水经济区调查数据的实证分析》，《干旱区资源与环境》第 7 期。

8. 常伟、杨阳，2018，《农地承包经营权确权中妇女土地权利受损研究》，

《新疆农垦经济》第 1 期。

9. 陈飞、刘宣宣，2018，《土地确权影响农业劳动生产率的中介效应研究》，《财经问题研究》第 8 期。

10. 陈淑玲，2019，《农地经营权抵押融资的实施效果及对供需主体行为影响研究》，东北农业大学博士学位论文。

11. 陈思、叶剑平、薛白、姚睿，2020，《农地"三权分置"产权解构及政策优化建议》，《中国土地科学》第 10 期。

12. 陈义媛，2020，《组织化的土地流转：虚拟确权与农村土地集体所有权的激活》，《南京农业大学学报》（社会科学版）第 1 期。

13. 陈奕玮、丁关良，2019，《农地确权政策执行效果的偏差检验》，《河北经贸大学学报》第 5 期。

14. 程传兴、曾赏、张良悦，2015，《以土地资产改革和劳动力转移推动土地流转》，《政治经济学研究》第 16 期。

15. 程令国、张晔、刘志彪，2016，《农地确权促进了中国农村土地的流转吗？》，《管理世界》第 1 期。

16. 仇童伟、罗必良，2020，《强化地权能够促进农地流转吗？》，《南方经济》第 12 期。

17. 党国英，2013，《"六个中国"与土地制度改革》，《学习月刊》第 7 期。

18. 邓万春，2006，《动员、市场风险与市场行为》，湖北人民出版社。

19. 丁关良，2009，《土地承包经营权流转并不意味着土地私有化》，《中州学刊》第 4 期。

20. 丁玲、钟涨宝，2017，《农村土地承包经营权确权对土地流转的影响研究——来自湖北省土地确权的实证》，《农业现代化研究》第 3 期。

21. 杜奋根，2017，《农地集体所有：农地"三权分置"改革的制度前提》，《学术研究》第 8 期。

22. 丰雷、张明辉、李怡忻，2019，《农地确权中的证书作用：机制、条件及实证检验》，《中国土地科学》第 5 期。

23. 高帆，2020，《中国城乡土地制度演变：内在机理与趋向研判》，《社会科学战线》第 12 期。

24. 高强、张琛，2016，《确权确股不确地的理论内涵、制度约束与对策建议——基于广东省珠三角两区一市的案例分析》，《经济学家》第 7 期。

25. 高有才、郭家睿，2017，《农户土地经营权抵押贷款意愿分析——以河南省为例》，《河南社会科学》第 3 期。

26. 耿明斋，2017，《新经济的张力及其对经济增长的支撑》，《区域经济评论》第 3 期。

27. 龚玫，2019，《土地确权与农民土地权益保护》，《农业工程技术》第 20 期。

28. 顾莉丽，2012，《中国粮食主产区的演变与发展研究》，吉林农业大学博士学位论文。

29. 顾莉丽，2015，《中国粮食主产区经济发展水平的区域差异评价》，《中国农机化学报》第 1 期。

30. 郭熙保、赵光南，2010，《我国农村留守劳动力结构劣化状况及其对策思考——基于湖北、湖南、河南三省调查数据的分析》，《中州学刊》第 5 期。

31. 韩家彬、刘淑云，2019，《土地确权对农村劳动力转移就业的影响——来自 CHARLS 的证据》，《人口与经济》第 5 期。

32. 韩俊，1999，《从"两权分离"到"三权分离"》，《管理世界》第 3 期。

33. 韩俊，2014，《农业改革须以家庭经营为基础》，《经济日报》8 月 7 日。

34. 韩俊，《韩俊：赋予农民物权性质的土地承包权》，新浪网，2004 年 7 月 27 日，https://news.sina.con.cn/o/2004-07-27/09193209793s.shtml。

35. 韩俊、宋洪远、于建嵘、蔡永飞，2008，《城乡一体化新格局还有多远》，《人民论坛》第 1 期。

36. 韩宁，2020，《中华人民共和国成立以来农村土地经营政策演进研究》，《重庆理工大学学报（社会科学）》第 3 期。

37. 何晓星，2009，《双重合约下的农地使用制度——论中国农地的"确权确地"和"确权不确地"制度》，《管理世界》第 8 期。

38. 贺雪峰，2014，《农村土地确权应当慎行》，《决策》第 7 期。

39. 贺雪峰，2015，《农地承包经营权确权的由来、逻辑与出路》，《思想战线》第 5 期。

40. 胡依洁、丰雷，2019，《从个体化确权到多样化确权——农地产权正规化五种模式的比较分析》，《农业现代化研究》第 3 期。

41. 黄红波，2017，《论确股不确地的有效补充形式——以玉溪红塔区农村土地承包经营权确权登记颁证工作为例》，《农村经济与科技》第 4 期。

42. 黄季焜、冀县卿，2012，《农地使用权确权与农户对农地的长期投资》，《管理世界》第 9 期。

43. 黄建水、尹素丽、刘彬彬，2016，《创新土地管理 推进精准扶贫——河南省的实践与探索》，《中国土地》第 12 期。

43. 黄延廷，2012，《农地确权：化解人地矛盾的根本途径——兼谈我国农地产权制度改革的路径选择》，《北京行政学院学报》第 1 期。

45. 黄祖辉，1999，《论农户家庭承包制与土地适度规模经营》，《浙江社会科学》第 4 期。

46. 贾岩，2019，《我国农村土地确权制度的法理学分析》，《法制与社会》第 9 期。

47. 江丽、郑文博：《我国农地确权制度变迁中"政府-农户"行为的演化博弈分析》，《现代经济探讨》2017 年第 8 期。

48. 江苏省农业现代化试验区领导小组，1994，《江苏省土地适度规模经营试验与启示》，《中国农村经济》第 11 期。

49. 蒋云赟、易芬琳，2014，《农民工加入城镇医疗保险体系的方案探讨》，《经济科学》第5期。

50. 孔祥智、刘同山，2013，《论我国农村基本经营制度：历史、挑战与选择》，《政治经济学评论》第4期。

51. 赖迪辉、李娜，2018，《土地确权政策是否影响经济增长质量——来自2006—2015年山东省地市实证分析的回应》，《资源开发与市场》第6期。

52. 郎秀云，2015，《确权确地之下的新人地矛盾——兼与于建嵘、贺雪峰教授商榷》，《探索与争鸣》第9期。

53. 李超，2015，《地理信息技术在葫芦岛农村集体土地确权登记发证工程中的应用研究》，吉林大学硕士学位论文。

54. 李晨曦，2015，《农村土地承包经营权抵押贷款的实践与思考——以黑龙江省克山县为例》，《中国农业资源与区划》第4期。

55. 李红、王静，2012，《日本农民职业教育：现状、特点及启示》，《中国农业教育》第2期。

56. 李宏，2005，《中国城市化进程中土地产权交易研究》，武汉理工大学博士学位论文。

57. 李辉，2019，《我国农村土地确权法律体系的完善》，《农业经济》第11期。

58. 李江一，2020，《农地确权如何影响农地流转？——来自中国家庭金融调查的新证据》，《中南财经政法大学学报》第2期。

59. 李景荣、姜美善、米运生，2018，《农地确权对农户的信贷效应——基于全国9省农户大规模调查》，《调研世界》第10期。

60. 李乐，2016，《美国日本以色列三国农业经营特点与土地产权管理》，《国土资源情报》第10期。

61. 李强、黄斐，2015，《农村劳动力流失对农业现代化的负面效应及对策》，《广西民族师范学院学报》第1期。

62. 李幸子、马恒运，《粮食大省要素投入结构调整及经济效果估价——

以河南省为例》,《农业技术经济》第 1 期。

63. 李咏梅、郑千千,2020,《论政府应急管理中的自利性与控制》,《辽宁大学学报》(哲学社会科学版)第 6 期。

64. 李钊,2019,《新蔡县:乡村振兴热潮涌》,《大河报》5 月 14 日,第 AI15 版。

65. 梁灵芝,2020,《新蔡县再交丰收答卷》,《驻马店日报》6 月 19 日,第 1 版。

66. 廖洪乐,2020,《农地"两权"分离和"三权"分置的经济学与法学逻辑》,《南京农业大学学报》(社会科学版)第 5 期。

67. 廖文梅、袁若兰、王璐、高雪萍,2020,《社会化服务、农地确权对农业生产效率的影响研究》,《农业现代化研究》第 6 期。

68. 林富榕,2016,《石狮市对特殊类型的农村承包地采取"确权确面积确大四至"方式确权登记》,《石狮日报》12 月 21 日,第 1 版。

69. 林文声、陈荣源、王志刚,2018,《确权颁证后农地流转不畅的成因研究综述》,《中国物价》第 1 期。

70. 林文声、秦明、苏毅清、王志刚,2017,《新一轮农地确权何以影响农地流转?——来自中国健康与养老追踪调查的证据》,《中国农村经济》第 7 期。

71. 林修俤,2015,《浅谈 ArcGIS 在农村集体土地所有权确权登记发证中的应用》,《北京测绘》第 1 期。

72. 刘凤芹,2006,《农业土地规模经营的条件与效果研究:以东北农村为例》,《管理世界》,第 9 期。

73. 刘慧:《我国每年粮食进口超亿吨 大豆对外依存度超 80%》,中国经济网,2019 年 7 月 15 日,http://www.ce.cn/cysc/sp/info/201907/15/t20190715_32613778.shtml。

74. 刘龙飞:《探索农村土地"确权确股确利"新模式》,人民网,2014 年 7 月 1 日,http://gd.people.com.cn/n/2014/0701/c123932-21554184.html。

75. 刘鹏，2010，《改革开放后农村土地政策述评》，辽宁师范大学硕士学位论文。

76. 刘荣增，2017，《河南省际经济联系与地缘经济关系匹配研究》，《河南大学学报》（社会科学版）第2期。

77. 刘芮，2019，《"三权分置"模式下土地经营权的法构造研究》，华南理工大学博士学位论文。

78. 刘守英，2012，《改革以地谋发展模式》，《西部大开发》第Z1期。

79. 刘守英，2017，《分析土地问题的角度》，《学海》第3期。

80. 刘兆征，2015，《农村土地承包经营权流转调研》，《国家行政学院学报》第2期。

81. 刘照媛、冯双生、张文君、张丽贞，2015，《我国农村土地承包经营权确权存在的问题及对策》，《农村经济与科技》第5期。

82. 刘正山，2014，《推进农村土地产权变革的建议》，《中国国情国力》第2期。

83. 卢华、胡浩，2015，《土地细碎化增加农业生产成本了吗？——来自江苏省的微观调查》，《经济评论》第5期。

84. 罗必良，2016，《农地确权、交易含义与农业经营方式转型——科斯定理拓展与案例研究》，《中国农村经济》第11期。

85. 罗必良，2017，《科斯定理：反思与拓展——兼论中国农地流转制度改革与选择》，《经济研究》第11期。

86. 罗必良，2019，《从产权界定到产权实施——中国农地经营制度变革的过去与未来》，《农业经济问题》第1期。

87. 罗必良，2020，《中国农业经营制度：立场、线索与取向》，《农林经济管理学报》第3期。

88. 罗必良、张露，2020，《中国农地确权：一个可能被过高预期的政策》，《中国经济问题》第5期。

89. 罗光强、曾福生，2010，《粮食大省粮食安全责任行动战略分析》，《湖南农业大学学报》（社会科学版）第6期。

90. 罗敏，2016，《简政放权视阈下地方政府的自利性行为及其规制之道》，《理论导刊》第 8 期。

91. 罗明忠、黄晓彤、陈江华，2018，《确权背景下农地调整的影响因素及其思考》，《农林经济管理学报》第 2 期。

92. 罗明忠、刘恺，2017，《交易费用约束下的农地整合与确权制度空间——广东省阳山县升平村农地确权模式的思考》，《贵州社会科学》第 6 期。

93. 罗明忠、刘恺、朱文珏，2017，《确权减少了农地抛荒吗——源自川、豫、晋三省农户问卷调查的 PSM 实证分析》，《农业技术经济》第 2 期。

94. 罗明忠、刘恺、朱文珏，2018，《产权界定中的农户相机抉择及其行为转变：以农地确权为例》，《财贸研究》第 5 期。

95. 罗明忠、唐超，2018，《农地确权：模式选择、生成逻辑及制度约束》，《西北农林科技大学学报》（社会科学版）第 4 期。

96. 罗明忠、万盼盼，2019，《农地确权如何影响农地利用方式》，《农业现代化研究》第 6 期。

97. 罗明忠、万盼盼、陈江华，2018，《农地确权对农户参与土地合作的影响——基于广东农户抽样问卷调查的实证分析》，《农村经济》第 3 期。

98. 马晓河，2012，《城镇化是新时期中国经济增长的发动机》，《国家行政学院学报》第 4 期。

99. 马恒运，2016，《粮食大省要素投入结构调整及经济效果估价——以河南省为例》，《农业技术经济》第 1 期。

100. 马轶群、孔婷婷，2019，《农业技术进步、劳动力转移与农民收入差距》，《华南农业大学学报》（社会科学版）第 6 期。

101. 冒佩华、徐翼，2015，《农地制度、土地经营权流转与农民收入增长》，《管理世界》第 2 期。

102. 米运生、钱颖、杨天健、谢沛，2020，《农地确权是否扩大了信贷可得性的贫富差距》,《农业经济问题》第 5 期。

103. 米运生、郑秀娟、曾泽莹、柳松,2015,《农地确权、信任转换与农村金融的新古典发展》,《经济理论与经济管理》第 7 期。

104. 莫建备,1994,《现阶段农用土地的有偿使用和有偿转让》,《上海经济》第 6 期。

105. 聂洪辉,2017,《土地确权与新生代农民工土地权益保护》,《福建行政学院学报》第 1 期。

106. 牛荣、张晰、罗剑朝,2016,《产权抵押贷款下的农户信贷约束分析》,《农业经济问题》第 1 期。

107. 钱龙、冯永辉、钱文荣,2021,《农地确权、调整经历与农户耕地质量保护行为——来自广西的经验证据》,《农业技术经济》第 1 期。

108. 秦汉锋,2009,《新型农村金融机构的制度变迁与演进》,《中国金融》第 23 期。

109. 申延平,2017,《实施乡村振兴战略 推进农业农村现代化》,《农村·农业·农民》(A 版)第 12 期。

110. 沈琼、赵地、王亚栋,2019,《市场结构、生产决策与绿色农产品供给不足》,《河南农业大学学报》第 6 期。

111. 施海波,2018,《土地禀赋、政策支持对我国农业经营规模变化的影响研究》,安徽农业大学博士学位论文。

112. 宋保胜,2012,《基于农村产权制度改革下河南省农村金融抵押贷款状况分析》,《金融理论与实践》第 10 期。

113. 宋新建,2019,《农村妇女土地承包权益保护问题分析——以河北省为例》,《农村经营管理》第 7 期。

114. 苏岚岚,2019,《金融素养、农地产权交易与农民创业决策研究》,西北农林科技大学博士学位论文。

115. 苏岚岚、何学松、孔荣,2018,《金融知识对农民农地流转行为的影响——基于农地确权颁证调节效应的分析》,《中国农村经济》第 8 期。

116. 孙德超、曹志立，2017，《基于农地区域类型差异的农村土地确权模式研究——推进落实党的十九大"乡村振兴战略"之思考》，《商业研究》第 12 期。

117. 孙福华，2019，《土地确权与农民土地权益保护分析》，《农民致富之友》第 34 期。

118. 孙庆玲，2018，《中国新型职业农民一年爆增 600 万》，《中国青年报》12 月 24 日，第 10 版。

119. 谭洪业，2018，《农地确权与土地流转机制解析》，《现代管理科学》第 4 期。

120. 谭荣、曲福田，2010，《中国农地发展权之路：治理结构改革代替产权结构改革》，《管理世界》第 6 期。

121. 谭砚文、曾华盛，2017，《农村土地承包经营权确权的创新模式——来自广东省清远市阳山县的探索》，《农村经济》第 4 期。

122. 滕卫双，2014，《国外农村土地确权改革经验比较研究》，《世界农业》第 5 期。

123. 田建民、李霞，2016，《发挥行业优势　助推精准扶贫》，《发展》第 2 期。

124. 田剑英，2019，《农地金融支持农业规模化经营的模式与机理》，《农村经济》第 8 期。

125. 田孟，2015，《"结平衡账"：农户主导型农地确权模式探索》，《西北农林科技大学学报》（社会科学版）第 6 期。

126. 田甜、李博、左停，2017，《农地确权中政府目标与乡土惯习的冲突与调适——以江西 A 村为例》，《湖南农业大学学报》（社会科学版）第 1 期。

127. 王芳、王瑞芳，2018，《农户土地承包经营权抵押融资意愿及融资用途实证研究——以河南省 370 个农户样本为例》，《武汉金融》第 11 期。

128. 王化起、朱娅，2020，《承包制土地经营的规模化革命——基于江苏省 1987 户农民调查数据的验证》,《山西农业大学学报》(社会科学版) 第 3 期。

129. 王曼、梁辛瑜、余晶晶,2019,《土地确权对土地流转和土地投资及人口流动的影响研究进展》,《黑龙江农业科学》第 7 期。

130. 王瑞港、朱建军,2019,《农地确权对农户农地转出意愿的影响研究——以农地产权安全感为中介》,《重庆文理学院学报》(社会科学版) 第 3 期。

131. 王山、奉公,2016,《中国农地细碎化及其整体性治理问题研究》,《云南社会科学》第 1 期。

132. 王小映,1999,《土地制度变迁与土地承包制》,《中国土地科学》第 4 期。

133. 韦加庆,2010,《国外土地制度变革对我国的启示》,《河北农业科学》第 6 期。

134. 温铁军,2014,《温铁军:土地制度变革须审慎》,《财经界》第 25 期。

135. 温忠麟、叶宝娟,2014,《中介效应分析:方法和模型发展》,《心理科学进展》第 5 期。

136. 文宏,2019,《任务驱动与谋利导向:地方政府土地整治行为的双重逻辑——以 S 省土地整治项目的实际运作为例》,《中国行政管理》第 7 期。

137. 吴贤荣、张俊飚、张艳、李兆亮、刘念,2020,《农户低碳行为对其生产绩效的影响——基于湖北省的农户调查数据》,《生态经济》第 9 期。

138. 吴永胜、曾婧、胡波,2015,《CORS 系统在农村集体土地确权颁证工作的探索》,《河南科技》第 5 期。

139. 吴勇、高振扬、武琳,2017,《自利性与公共性之间:地方政府发展高新技术产业的困境及治理》,《中国行政管理》第 11 期。

140. 夏柱智,2014,《虚拟确权:农地流转制度创新》,《南京农业大学学报》（社会科学版）第 6 期。

141. 谢晓雯、卓嘉瑞、陈淑贤、林汀茂，2019，《农村信贷市场发展及土地确权对其的影响研究》，《中国商论》第 12 期。

142. 许恒周、牛坤在、王大哲，2020，《农地确权的收入效应》，《中国人口·资源与环境》第 10 期。

143. 许庆、刘进、钱有飞，2017，《劳动力流动、农地确权与农地流转》，《农业技术经济》第 5 期。

144. 许庆、尹荣梁、章辉，2011，《规模经济、规模报酬与农业适度规模经营——基于我国粮食生产的实证研究》，《经济研究》第 3 期。

145. 薛畅，2019，《农地确权的资源禀赋效应研究——一个文献综述》，《现代管理科学》第 4 期。

146. 〔美〕Y. 巴泽尔，1997，《产权的经济分析》，费方域、段毅才译，上海人民出版社。

147. 阳斌，2019，《新时代中国共产党乡村治理研究》，西南交通大学博士学位论文。

148. 杨丹，2019，《农地确权缓解了农户收入不平等吗？——基于 IVQR 模型的分析》，《新疆农垦经济》第 6 期。

149. 杨宏力，2018，《新一轮农村土地确权存在的问题及政策优化——基于山东省五市七镇的经验研究》，《山东大学学报》（哲学社会科学版）第 3 期。

150. 杨宏银，2015，《湖北沙洋首开全国先河整县推进按户连片耕种的土地确权模式研究》，《南方农村》第 5 期。

151. 杨丽、张永英，2020，《制度保障与传统惯俗之间——农村承包地确权登记颁证中妇女权益保障的村干部视角分析》，《妇女研究论丛》第 3 期。

152. 杨萍，2015，《基于 ArcGIS 的农村集体土地所有权确权登记发证数据库建设》，《测绘与空间地理信息》第 1 期。

153. 杨瑞珍、陈印军、易小燕、方琳娜，2012，《耕地流转中过度"非粮化"倾向产生的原因与对策》，《中国农业资源与区划》第 3 期。

154. 杨艳东、张铭哲，2020，《不确定风险下新就业形态劳动者养老保险研究》，《浙江工业大学学报》（社会科学版）第 2 期。

155. 姚洋，1998，《农地制度与农业绩效的实证研究》，《中国农村观察》第 6 期。

156. 姚志，2019，《中国农村承包地确权：政策变迁、衍生问题与制度设计》，《经济体制改革》第 5 期。

157. 姚志、文长存，2019，《中国农村承包地确权：政策变迁、衍生问题与制度设计》，《经济体制改革》第 5 期。

158. 叶剑平，2010，《城乡建设用地增减挂钩政策内涵》，《中国地产市场》第 12 期。

159. 叶剑平、徐青，2007，《中国农村土地产权结构的度量及其改进——基于 2001 年和 2005 年中国 17 省农地调查的分析》，《华中师范大学学报》（人文社会科学版）第 6 期。

160. 叶兴庆，2015，《集体所有制下农用地的产权重构》，《毛泽东邓小平理论研究》第 2 期。

161. 于建嵘、石凤友，2012，《关于当前我国农村土地确权的几个重要问题》，《东南学术》第 4 期。

162. 曾皓、张征华、宋丹，2015，《对农村土地承包经营权确权登记颁证的思考——基于江西省的实践》，《农村经济与科技》第 1 期。

163. 张蚌蚌，2017，《细碎化视角下耕地利用系统空间重组优化理论、模式与路径》，中国农业大学博士学位论文。

164. 张东生、吕一清，2019，《中国农地确权政策演变、内涵与作用机制的梳理与思考——改革开放 40 年来的经验总结》，《生态经济》第 9 期。

165. 张戈，2017，《中国农地流转模式研究》，武汉大学博士学位论文。

166. 张红宇，2012，《宏观经济下行背景下如何促进农民增收和产权制度改革》，《2012 全国农村改革与发展座谈会论文集》第 587 期。

167. 张红宇、杨春华，2007，《让新型农民职业化》，《人民论坛》第 Z1 期。

168. 张雷、高名姿、陈东平，2015，《产权视角下确权确股不确地政策实施原因、农户意愿与对策——以昆山市为例》，《农村经济》第 10 期。

169. 张雷、高名姿、陈东平，2017，《政策认知、确权方式与土地确权的农户满意度》，《西部论坛》第 6 期。

170. 张丽君，2017，《农村土地确权中农民合法权益保护问题探讨》，《经贸实践》第 22 期。

171. 张利国，2011，《我国区域粮食安全演变：1949—2008》，《经济地理》第 5 期。

172. 张利国，2013，《新中国成立以来我国粮食主产区粮食生产演变探析》，《农业经济问题》第 1 期。

173. 张萍、沈晓婷，2015，《农村金融生态体系的构建与评价——以浙江省为例》，《农业经济问题》第 12 期。

174. 张千帆，2012，《农村土地集体所有的困惑与消解》，《法学研究》第 4 期。

175. 张韧、刘建生、刘斑，2019，《农地确权对抑制农地流转的禀赋效应分析》，《江苏农业科学》第 4 期。

176. 张天佐，2018，《加快新型职业农民队伍建设 助力现代农业发展》，《农民科技培训》第 12 期。

177. 张同龙、张林秀，2017，《性别平等视角下的农地分配——基于全国 5 省 60 村 1200 户调查数据的经验研究》，《农业技术经济》第 4 期。

178. 张晓山，2014，《大力培育新型农业经营主体》，《农村经营管理》第 11 期。

179. 张延曼，2020，《新时代中国特色城乡融合发展制度研究》，吉林大学博士学位论文。

180. 赵敏、郑兴明，2018，《基于中央一号文件视角的农地产权制度演进研究》，《青岛农业大学学报》（社会科学版）第 3 期。

181. 赵茜宇、张占录，2020，《"三权分置"下大城市郊区宅基地退出与再利用优化路径》，《农村经济》第 12 期。

182. 赵小风、李娅娅、郑雨倩、金志丰、张晓蕾，2019，《产业结构、农民收入结构对耕地非粮化的影响》，《国土资源科技管理》第 5 期。

183. 赵彦刚、徐喜旺，2014，《3S 技术在农村集体土地确权登记发证中的应用》，《测绘标准化》第 4 期。

184. 赵阳、杨尚勤、陈仁泽，2014，《农村土地改革不能一哄而起》，《人民日报》1 月 23 日，第 2 版。

185. 郑淋议、张应良，2019，《新中国农地产权制度变迁：历程、动因及启示》，《西南大学学报（社会科学版）》第 1 期。

186. 郑欣、郑晔、李佳欣，2019，《因地制宜促发展：探究土地流转和规模化发展问题——基于河南长葛市的实践调研》，《现代商贸工业》第 1 期。

187. 郑新立，《郑新立：唤醒沉睡的农村资源可支持经济 7% 左右增速》，第一财经网，2017 年 12 月 15 日，https://www.yicai.com/news/5383572.html。

188. 郑兴明，2018，《改革开放 40 年我国农村土地产权制度的历史演进——基于中央一号文件的政策回顾》，《福建农林大学学报》（哲学社会科学版）第 5 期。

189. 钟成林，2016，《农村土地发展权、空间溢出与城市土地利用效率——基于空间误差模型的实证研究》，《中国经济问题》第 6 期。

190. 钟成林，2019，《农村土地确权、空间溢出与农业生产效率》，《商业研究》第 6 期。

191. 钟文晶、谢琳、罗必良，2018，《美国土地确权登记管理及其对中国的启示》，《世界农业》第 9 期。

192. 周超，2018，《基于供给侧结构性改革要求的农村土地金融研究》，《农业部管理干部学院学报》第 1 期。

193. 周其仁，2009，《土地确权维护农民权益》，《资源与人居环境》第

13 期。
194. 朱建军、杨兴龙，2019，《新一轮农地确权对农地流转数量与质量的影响研究——基于中国农村家庭追踪调查（CRHPS）数据》，《农业技术经济》第 3 期。
195. 朱兆伟，2019，《我国双层经营体制下集体农地产权制度研究》，中共中央党校（北京市）博士学位论文。
196. 邹一南，2020，《"体制内改革"还是"体制外发展"？——大城市户籍制度改革的路径选择》，《当代经济研究》第 1 期。

英文文献：

1. Ahmed, A., Abubakari, Z., Gasparato, A.. 2019. "Labelling Large-Scale Land Acquisitions as Land Grabs: Procedural and Distributional Considerations from Two Cases in Ghana", *Geoforum* 105 (C).
2. Baron, R. M., Kenny, D. A.. 1986. "The Moderator-Mediator Variable Distinction in Social Psychological Research: Conceptual, Strategic, and Statistical Considerations", *Journal of Personality and Social Psychology* 51 (6).
3. Chen, J., Summerfield, G.. 2007. "Gender and Rural Reforms in China: A Case Study of Population Control and Land Rights Policies in Northern Liaoning", *Feminist Economics* 13 (3/4).
4. Choumert, J., Phélinas, P.. 2017. "Farmland Rental Prices in GM Soybean Areas of Argentina: Do Contractual Arrangements Matter?", *Journal of Development Studies* 53 (8).
5. Deininger, K., Jin, S. Q.. 2005. "The Potential of Land Rental Markets in the Process of Economic Development: Evidence from China", *Journal of Development Economics* 78 (1).
6. Deininger, K., Jin, S. Q.. 2009. "Securing Property Rights in Transition: Lessons from Implementation of China's Rural Land Contracting Law",

Journal of Economic Behavior & Organization 70 (1 - 2).

7. Duke, J. M. . 2004. "Institutions and Land-Use Conflicts: Harm, Dispute Processing, and Transactions. Journal of Economic Issues", *Association for Evolutionary Economics* 38 (1).

8. Ewers, R. M. , Didham, R. K. , Pearse, W. D. , et al. . 2013. "Using Landscape History to Predict Biodiversity Patterns in Fragmented Landscapes", *Ecology Letters* 16 (10).

9. Feder, G. , Birner, R. , Anderson, J. R. . 2011. "The Private Sector's Role in Agricultural Extension Systems: Potential and Limitations", *Journal of Agribusiness in Developing and Emerging Economies* 1 (1).

10. Goldstein, M. , Udry, C. . 2008. "The Profits of Power: Land Rights and Agricultural Investment in Ghana", *Journal of Political Economy* 116 (6).

11. Ho, P. . 2005. *Institutions in Transition: Land Ownership, Property Rights and Social Conflict in China* (Oxford: Oxford Press).

12. Horst, M. . 2017. "The Uncertain Future of Oregon's Agricultural Lands, and the Role of Planners", *Urban Studies and Planning Faculty Publications and Presentations* 195.

13. Horst, M. , Gwin, L. . 2018. "Land Access for Direct Market Food Farmers in Oregon", *Land Use Policy* 75.

14. Janvry, A. , Emerick, K. , Gonzales-Navarro, M. , Sadoulet, E. . 2015. "Delinking Land Rights from Land Use: Certification and Migration in Mexico", *American Economic Review* 105 (10).

15. Jiang, M. S. , Paudel, K. P. , Mi, Y. S. . 2018. "Factors Affecting Agricultural Land Transfer-in in China: A Semiparametric Analysis", *Applied Economics Letters* 25 (21).

16. Johanna, C. , Pascale, P. . 2017. "Farmland Rental Prices in GM Soybean Areas of Argentina: Do Contractual Arrangements Matter?", *The*

Journal of Development Studies 53 (8).

17. Kennedy, J. J., Rozelle, S., Shi, Y. J.. 2004. "Elected Leaders and Collective Land: Farmers' Evaluation of Village Leaders' Performance in Rural China", *Journal of Chinese Political Science* 9 (1).

18. Khan, S., Inayatullah, J., Syed, F. S.. 2020. "Informal Tenancy Contracts and Sustainable Agriculture Challenges in Rural Pakistan", *Sarhad Journal of Agriculture* 36 (1).

19. Kieran, C., Sproule, K., Quisumbing, A. R., Doss, C. R.. 2017. "Gender Gaps in Landownership across and within Households in Four Asian Countries", *Land Economics* 93 (2).

20. Kung, J., Bai, Y.. 2011. "Induced Institutional Change or Transaction Costs? The Economic Logic of Land Real Locations in Chinese Agriculture", *Journal of Development Studies* 47 (10).

21. Lanjouw, J. O.. 1999. "Information and the Operation of Markets: Tests Based on a General Equilibrium Model of Land Leasing in India", *Journal of Development Economics* 60 (2).

22. Laure, L., Laurent, P.. 2014. "Does Land Fragmentation Affect Farm Performance? A Case Study from Brittany, France", *Agricultural Systems* 129.

23. Lawrence, W. C. L., Chau, K. W.. 2019. "A Reinterpretation of Coase's Land Monopoly Model: Locational Specificity and the Betterment Potential of Land as De Jure and De Facto Property", *Progress in Planning* 131.

24. Lee, N. K.. 2020. "Race, Socioeconomic Status, and Land Ownership among Freed African American Farmers: The View from Ceramic Use at the Ransom and Sarah Williams Farmstead, Manchaca, Texas", *Historical Archaeology* 54 (1).

25. Li, L.. 2012. "Land Titling in China: Chengdu Experiment and Its Consequences", *China Economic Journal* 5 (1).

26. Lovett, K. E.. 2017. "Not All Land Exchanges Are Created Equal: A

Case Study of the Oak Flat Land Exchange", *Colorado Natural Resources, Energy & Environmental Law Review* 28 (2).

27. Macmillan, D. C.. 2000. "An Economic Case for Land Reform", *Land Use Policy* 17 (1).

28. Macours, K., Janvry, A., Sadoulet, E.. 2010. "Insecurity of Property Rights and Social Matching in the Tenancy Market", *European Economic Review* 54 (7).

29. Melesse, M. B., Bulte, E.. 2015. "Does Land Registration and Certification Boost Farm Productivity? Evidence from Ethiopia", *Agricultural Economics* 46.

30. Mullan, K., Grosjean, P., Kontoleon, A.. 2011. "Land Tenure Arrangements and Rural-Urban Migration in China", *World Development* 39 (1).

31. Mwesigye, F., Matsumoto, T., Otsuka, K.. 2017. "Population Pressure, Rural-to-Rural Migration and Evolution of Land Tenure Institutions: The Case of Uganda", *Land Use Policy* 65.

32. Rao, M.. 2005. "The Forms of Monopoly Land Rent and Agrarian Organization", *Journal of Agrarian Change* 5 (2).

33. Rubin, M.. 2018. "At the Borderlands of Informal Practices of the State: Negotiability, Porosity and Exceptionality", *The Journal of Development Studies* 54 (12).

34. Rupelle, M., Deng, Q., Li, S., Vendryes, T.. 2010. *Land Rights Insecurity and Temporary Migration in Rural China* (Social Science Electronic Publishing).

35. Sargeson, S.. 2012. "Why Women Own Less, and Why It Matters More in Rural China's Urban Transformation", *China Perspectives*.

36. Song, J.. 2015. "Official Relocation and Self-Help Development: Three Housing Strategies under Ambiguous Property Rights in China's Rural Land Development", *Urban Stuidies* 52 (1).

36. Tchatchoua-Djomo, R. , van Leeuwen, M. , van der Haar, G. . 2020. "Defusing Land Disputes? The Politics of Land Certification and Dispute Resolution in Burundi", *Development & Change* 51 (6).

37. Tsegaye, G. , Dessalegn, M. . 2017. "The Role of Rural Land Registration and Certification Program for Land Tenure Security in Hulet Eju Enessie District, Amhara National Regional State, Northwest Ethiopia", *Journal of Agricultural Extension and Rural Development* 9 (9).

38. Wang, J. , Wailes, E. J. , Cramer, G. L. . 1996. "A Shadow-Price Frontier Measurement of Profit Efficiency in Chinese Agriculture", *American Journal of Agricultural Economics* 78 (1).

39. Yoshiko, K. , Motoki, H. , Kan, H. , Futoshi, N. . 2020. "Drivers of Land-use Changes in Societies with Decreasing Populations: A Comparison of the Factors Affecting Farmland Abandonment in a Food Production Area in Japan", *PLoS ONE* 15 (7).

40. Zaid, B. , Christine, R. , Jaap, Z. . 2019. "Plural Inheritance Laws, Practices and Emergent Types of Property—Implications for Updating the Land Register", *Sustainability* 11 (21).

附录
调查问卷和调查表

附录1　调查问卷

农地确权调查问卷

调查地点：省市县乡（镇）村组

户主年龄与主要职业：　　　　　**调查时间：**　　年　　月　　日

（在你的对应答案数字上画"√"即可）

一　关于本地农地确权实施过程

1. 您如何看待农地确权？

（1）必须要做；（2）非常重要；（3）是土地流转的前提；（4）无所谓；（5）不希望确权

2. 您认为本地的农地确权实施程序：

（1）按程序认真负责；（2）基本按程序；（3）没按程序；（4）很乱

3. 农地确权是否解决了土地纠纷：

（1）全部解决；（2）解决一部分；（3）原样没变；（4）增加了矛盾

4. 您认为农地确权实施中当地政府行为：

（1）非常重视；（2）一般化；（3）应付差事；（4）不重视

5. 农地确权实施中您家人是否参与：

（1）全程参与；（2）部分参与；（3）没参与，但等发证；（4）不关心

6. 实施前，您对农地确权是否了解：

（1）非常了解，重在发证；（2）部分了解发证；（3）不太了解；（4）其他_____

7. 实施确权前政府宣传得如何：

（1）有，开会发过资料；（2）有，有资料没开会；（3）简单说了说；（4）其他_____

8. 您认为本地确权实施中资料收集得如何：

（1）完整、详细；（2）有基本资料；（3）不太完整；（4）其他_____

二 关于本地农地确权的影响（主要是针对被访谈对象家庭）

9. 农地确权对您家耕种的影响：

（1）更想增加土地投入；（2）想法改善土地；（3）想买机器；（4）没变化

10. 确权对您家土地流转的影响：

（1）流转明显增加；（2）土地抛荒减少；（3）无变化；（4）易撂荒

11. 确权对您家就业的影响：

（1）更想扩大耕种；（2）更易外出打工；（3）想搞养殖业；（4）无所谓

12. 确权对您家收入的影响：

（1）更易流转，增加收入；（2）扩大投资，增加收入；（3）继续荒着吧；（4）没影响

13. 确权对种植结构的影响：

（1）增种粮食作物；（2）增种经济作物；（3）不必调整结构；（4）没影响

14. 确权对组成农业合作社的影响：

(1) 更积极容易；(2) 更不易组织；(3) 影响不大；(4) 没影响

15. 确权对您家粮食产量的影响：

(1) 增加了；(2) 减少了；(3) 改变了种植品种；(4) 没影响

16. 确权对您家进入城市的影响：

(1) 增加流转好进城；(2) 减少撂荒增收入；(3) 影响不大；(4) 没影响

17. 确权后，您家的土地出租价格有无明显变化？

(1) 增加了；(2) 减少了；(3) 影响不大；(4) 没影响

18. 确权后，是否准备用新证办抵押贷款？

(1) 已办；(2) 不想办；(3) 想办还没办；(4) 没法办

19. 确权后，您家是否因此多买新农具或农业机械？

(1) 有；(2) 没有；(3) 想买还没买；(4) 无所谓

三 关于本地农地确权满意度及土地使用情况

20. 您对此次确权政策是否满意？

(1) 非常满意；(2) 满意；(3) 没感觉；(4) 不满意；(5) 非常不满意

21. 若"满意"或者"非常满意"，您觉得确权政策主要好在哪里？（可多选）

(1) 可有效维护农民权益；(2) 使农户的承包地面积更加准确；(3) 使土地流转更有法律保障；(4) 可有效减少土地纠纷；(5) 可有效解决土地细碎问题；(6) 更利于做生意；(7) 其他_____

22. 您对确权登记颁证的结果满意吗？

(1) 非常满意；(2) 满意；(3) 没感觉；(4) 不满意；(5) 非常不满意

23. 您认为确权后对农地利用的影响（可多选）：

(1) 促进农户搞好种植；(2) 更有利于保护耕地；(3) 更易转为非农他用；(4) 更易撂荒；(5) 其他_____

24. 您认为确权后对农地利用的前景（可多选）：

（1）利于搞好种植，保护耕地；（2）若有机会，将流转土地；（3）不想再种粮食；（4）损害农地的事会更多

25. 您认为农地确权对农户最大的影响是：

（1）利于保护耕地；（2）流转土地多了；（3）更不想流转了；（4）损害农地的事更多了；（5）其他_____

四 关于本地农地确权模式及确权争议

26. 本地实施确权的具体方式是什么？

（1）确权确地；（2）确权确股不确地；（3）确股确地；（4）其他_____

27. 确权时如有纠纷，本村怎么解决的？（请简写）_____
_____

28. 您认为确权主要困难（可多选）：

（1）容易引起权属新纠纷；（2）费时费力村民不支持；（3）工作经费不足；（4）历史遗留问题；（5）上级政府支持力度不够；（6）缺少标准的工作规范；（7）土地相关法律规定滞后；（8）其他_____

29. 若您不支持农地确权，主要原因是（可多选）：

（1）程序太复杂；（2）容易引发纠纷；（3）以后分不到地；（4）村里工作不公开、不透明；（5）村民无法参与；（6）工作开展不公正；（7）干部谋私利；（8）其他_____

五 关于农地确权对农业或农户生产和生活的影响，您认为还有其他哪些方面？（请简写）

附录 2 调查表

农地确权与农地利用情况调查表

调查地点：省市县乡（镇）村组

调查时间：　　年　　月　　日

户主年龄　　主要职业：　　　　　。全村耕地　　亩，宅基地　　亩，　　户，总人口　　。

一 农村土地确权情况

项目	（1）家庭人数	（2）家庭有地人数	（3）承包土地总数（亩）	（4）人均耕地（亩）	（5）是否确权发证	（6）发证日期	（7）发证机关	（8）(9)确权土地数（亩）		（10）有何看法（意见建议）	（11）确权影响
								耕地	宅基地		
现实资料											

注：1. 农地确权，是指依照法律和政策规定通过登记办证等程序对农地所有权、承包权、经营权和他项权利的确认、确定，简称"确权"，需经土地登记申请、地籍调查、权属审核、登记注册、颁发土地证书等土地登记程序，才能得到最后确认和确定。

2. 表中"确权影响"指农地确权对①家庭就业方向，②收入提升，③是否继续种植养殖，④流转土地，⑤有否组织合作社，⑥引进新的农业生产技术或机械等方面有哪些影响作用。填序号即可，可多选。若其他，可写入。

— 209 —

二 农村土地利用情况（有选择的项目只填序号即可）

(1) 年份	(2) 家庭人数	(3) 第二轮承包土地总数（亩）	(4) 耕种土地总数（亩）	(5) 耕种成本（元/亩）	(6) 粮食总产量（公斤）	(7) 转出总数（亩）	(8) 转入总数（亩）	(9) 流转方式	(10) 流转价格（实物可折价，元/亩）	(11) 流转原因	(12) 改为他用或成非粮地（亩）	(13) 流转合约方式（①书面正式；②口头非正式）	(14) 流转去向（①亲戚；②邻居；③外村的人；④专业合作社或股份合作社；⑤企业等其他主体）	(15) 谁组织土地流转的？（①村委会；②上级政府；③个人私下协商；④其他）	(16) 获取流转信息来源（①村民沟通；②村委会；③乡镇、县土地流转平台；④互联网；⑤其他）
2019															
2018															
2017															

注：1. 表中"承包土地总数"是指家庭在集体里按人口分得的土地总量。"改为他用或成非粮地"指不种粮食改为其他用途，如种树、养殖等。
2. 土地流转，是指农户坚持依法、自愿、有偿原则，在不改变土地承包关系所有性质、不改变土地用途、不损害农民土地承包权益前提下，采取转包、②出租、③互换、④转让、⑤股份合作等形式流转土地承包经营权。表中"流转方式"填序号即可。
3. 流转原因：①外出打工；②经商；③自家劳动力缺乏；④自己耕种不划算；⑤技术更新扩大种植规模；⑥资金雄厚种植新作物；⑦开展养殖等项目需用土地；⑧种粮大户扩张等。表中"流转原因"填序号即可，可多选。

三 农户家庭收入情况

年份	土地耕种总收入（元）	养殖总收入（元）	非农总收入（元）	家庭总收入（元）	非农收入占家庭总收入比重（%）	情况说明
2019						

附录　调查问卷和调查表

续表

年份	土地耕种总收入（元）	养殖总收入（元）	非农总收入（元）	家庭总收入（元）	非农收入占家庭总收入比重（％）	情况说明
2018						
2017						

四　家庭主要劳动力受教育状况与就业状况（对应数字下打"√"即可）家庭总人口是_____人

序号	年龄	性别	小学					初中			高中、技校或中专			大专/本科		大学		主要收入来源情况（可多选，请说明）
			1	2	3	4	5	6	7	8	9	10	11	12	13	14	15	16
1（户主）																		
2																		
3																		
4																		
5																		
6																		

注：收入来源情况：①在家务农（种植或养殖）；②外出打工（长、短）（是否大于3个月）；③在村非农工作；④自营企业；⑤其他。

— 211 —

五　本村组自1980年实行家庭联产承包责任制以来土地调整情况

自_____年不再调整地。之前　是／否_____，每_____年调整一次，或每_____年调整一次，分别是哪年_____

序号		问题	选项（选择请打"√"，或直接写分值）
1		第二轮土地承包期间你承包地是否进行了土地行政性调整	否=0，是=1
	(1)	如果有过调整，调整了几次	次
	(2)	最近一次调整的时间是	年
2		你是否赞同定期调整土地？	1=同意；2=不同意；3=无所谓
	(1)	如果赞同，原因	1=家庭新增人口，需要多分配土地；2=现在承包的地块不好，有土地被政府征收/征用；4=村里土地分配不公，一些人多占土地；5=其他（请注明）
	(2)	如果不赞同，原因	1=不利于对土地的长期投资；2=现在承包的地块好；3=土地承包合同还未到期；4=不利于土地流转合同的延续和执行；5=其他（请注明）
3		未来（5~10年）你家失去土地的可能性	1=可能；2=不可能；3=不清楚
4		你最害怕发生什么事情影响你的农地权利，甚至失去土地？	
5		你认为你在承包的土地上拥有的土地权有（可以多选）	1=入股权；2=抵押权；3=继承权；4=三者都没有
6		对未来5年土地调整的预期	1~10分打_____分（1分为肯定不发生，10分为肯定发生）

续表

序号	问题	选项（选择请打"√"，或直接写分值）
7	目前土地承包合同和土地承包经营权证书在多大程度上能保护你的土地权利	1~10分打_____分 （1分为完全不能保证，10分为能非常好地保护农地权益）
8	如果没承包证书，对你的耕地权利有影响吗？	没有影响=0；有影响=1
(1)	如果没有影响，为什么？	
(2)	如果有影响，会对农地产生什么影响？	1=影响使用；2=使用出租（买卖）；3=影响抵押；4=影响继承；5=都没有

后 记

农村土地问题历来是我国经济社会稳定与发展的基石。因此，农地确权是我国当代农村土地制度改革进程中一项重要的基础性工作，影响深远。由于我国各地区差异性巨大、区域特征复杂，农地确权的具体实施状况千差万别，综合影响可能在较长时期内才能显示出来。这些情况说明，诸如农地确权等农村土地问题的经济实践和理论研究没有终点，只有进行时。与历史演化进程相比，任何研究结论或实践活动也只能针对或适应一段时间而已。

本书内容源于本人主持的国家社科基金一般项目"粮食主产区农地确权的溢出效应及模式优化研究"（结项证书号：20211812）的结项报告（更新了部分数据资料）。本书是我们研究团队集体合作的成果，最后由我整体修改核定而成。本书各章节撰写人情况如下：绪论由万举撰写；第一章由宗方、丁子格、万举撰写；第二章由万举、丁子格撰写；第三章由丁子格、万举撰写；第四章的第一节至第三节由郭正光撰写，第四节由杨震撰写，第五节由李建平撰写，第六节由杨建云撰写；第五章由万举、史慧敏撰写；第六章由万举、史慧敏撰写；第七章、第八章和简要结论由万举撰写；附录由万举、余月圆、史慧敏、邱佳萱等整理撰写。

在这里，我们要感谢对本课题研究提供帮助和支持的故交、同学和有关工作人员，他们分别工作于集中调研地区的市、县、乡政府相关部门和村委会特别是统计局、农业局（农委）、档案局等单位，其中要特

后 记

别感谢谢彦涛、高党玉、任希山、王琦、周彦俊、李新江、何向东、王春风、孙广周、黄昕光、傅收、杨志伟、黄安国等。同时,我也要特别感谢我的学生们,前前后后约有数百名本科生参与返乡调研和资料收集,其中,陈飞、吕帅、拜晴、杨洁等同学还与我指导的研究生余月圆、史慧敏、邱佳萱等一起跟随我进行多次集中调研。本课题研究和本书出版得到了郑州航空工业管理学院相关领导的鼎力支持,本研究团队在此表示诚挚谢意!

本书能够顺利出版要感谢社会科学文献出版社的大力支持,尤其要感谢高雁和贾立平两位编辑老师的耐心、负责和专业!

由于我们水平有限,本书内容肯定存在不少缺陷或不足,热切盼望学术同人倾心交流,这也是给我们提供进一步深入拓展相关研究的良机,电子邮箱是 wanjucn@ sohu. com 或 wanjucn@ 126. com。诚请各位读者不吝赐教、批评指正,不胜感谢。

万 举

2022 年 6 月 26 日于龙子湖畔

图书在版编目(CIP)数据

粮食主产区农地确权研究 / 万举等著. -- 北京：社会科学文献出版社, 2022.11
ISBN 978 - 7 - 5228 - 0828 - 4

Ⅰ.①粮… Ⅱ.①万… Ⅲ.①粮食产区 - 农业用地 - 土地所有权 - 土地制度 - 研究 - 中国 Ⅳ.①F321.1

中国版本图书馆 CIP 数据核字（2022）第 183194 号

粮食主产区农地确权研究

著　　者 / 万　举等

出 版 人 / 王利民
组稿编辑 / 高　雁
责任编辑 / 贾立平
责任印制 / 王京美

出　　版 / 社会科学文献出版社·经济与管理分社 (010) 59367226
　　　　　 地址：北京市北三环中路甲29号院华龙大厦　邮编：100029
　　　　　 网址：www.ssap.com.cn
发　　行 / 社会科学文献出版社 (010) 59367028
印　　装 / 三河市尚艺印装有限公司

规　　格 / 开　本：787mm × 1092mm　1/16
　　　　　 印　张：14.25　字　数：203千字
版　　次 / 2022年11月第1版　2022年11月第1次印刷
书　　号 / ISBN 978 - 7 - 5228 - 0828 - 4
定　　价 / 128.00元

读者服务电话：4008918866

版权所有 翻印必究